GOLDMANN
RATGEBER

Früher war das Trocknen von Obst, Fisch, Kräutern, Pilzen und vielen anderen Nahrungsmitteln eine weitverbreitete und sehr beliebte Methode der Lebensmittelkonservierung. Denn Trocknen und Dörren erhalten die lebenswichtigen Nährstoffe, wenn es fachkundig betrieben wird.

Sigri Sahlin legt in diesem Buch ihre langjährigen Erfahrungen und Forschungen nieder. Außer der detaillierten Beschreibung, wie Früchte, Gemüse, Wildpflanzen und anderes getrocknet und das Getrocknete richtig gelagert wird, gibt sie zahlreiche Hinweise, wie man praktische Trockengestelle selbst bauen kann – auch für Wohnungen, die unter Platzmangel leiden –, wie man die Wärme der Sonne optimal nützt, wie man vermeidet, daß sich Schädlinge über die getrockneten Lebensmittel hermachen, wie sich Kräutersträuße zur Wohnungsdekoration verwenden lassen und vieles andere mehr. Außerdem hat Sigri Sahlin eine Menge Rezepte entwickelt und praktisch erprobt, die jeder einfach so übernehmen oder aber kreativ weiterentwickeln kann.

SIGRI SAHLIN

Trocknen und Dörren

Beeren, Obst, Gemüse, Pilze und Kräuter natürlich konservieren

GOLDMANN VERLAG

Zeichnungen: Margareta Dahlin

Der Goldmann Verlag
ist ein Unternehmen der Verlagsgruppe Bertelsmann

Made in Germany · 8/89 · 1. Auflage
Genehmigte Taschenbuchausgabe

Umschlaggestaltung: Design Team München
Umschlagfoto: Guido Pretzl, München
Satz: Filmsatz Schröter GmbH, München
Druck: Elsnerdruck, Berlin
Verlagsnummer: 13514
Lektorat: Johannes Jacob
Herstellung: Peter Papenbrok
ISBN: 3-442-13514-1

Inhaltsverzeichnis

An den Leser 7
Geschichte des Trocknens 9
Nahrungsmittel trocknen – warum? 18
Aus dem »Handbuch der Aufbewahrungskunst« 22
Trockenmethoden und -geräte 24
Die Technik des Trocknens 32
Ratschläge fürs Trocknen 39
Das Trocknen von Gemüse 45
Das Trocknen von Beeren und Früchten 72
Wilde Pflanzen und Kräuter 91
Gewürzkräuter (Küchenkräuter) 101
Die Lagerung von Beeren, Obst, Gemüse und Wildpflanzen nach dem Trocknen 105
Schädlinge 111
Rezept-Ideen 114
Eine Augenweide für den Winter 149
Literaturverzeichnis 154
Stichwortverzeichnis 157

dl	Deziliter (1/10 l)
EL	Eßlöffel
TL	Teelöffel

An den Leser

Dieses Buch ist keine theoretische Abhandlung über das Trocknen von Lebensmitteln, zusammengestellt aus Sekundärliteratur. Hinter dem, was ich schreibe, stecken einige Jahre Erfahrung, eine Menge Forschung und viel Experimentieren.
Ich wollte zeigen, daß Vitamine und Mineralstoffe durch niedrige Temperaturen und kurze Trocknungszeiten weitgehend erhalten werden können. Außerdem war es mir wichtig zu demonstrieren, daß durch perfekte Trocknung und Lagerung die Qualität nicht leidet und die Haltbarkeit auf mehrere Jahre ausgedehnt werden kann. Meine Tricks halte ich nicht geheim, sondern gebe sie an den Leser weiter. So muß z. B. Wurzelgemüse immer blanchiert werden. Andere Regeln gelten für Kräuter und Blattgemüse, die immer nur eine Saison aufzubewahren sind. Dieses Buch soll eine Grundlage für die Praxis sein, ein Anstoß, eigene Erfahrungen und Entdeckungen zu machen.
Um 1900 hat man in schwedischen Haushalten viel getrocknet. Dann geriet diese Kunst, bis auf ein kurzes Aufflackern im Zweiten Weltkrieg, in Vergessenheit. Die Literatur beweist, daß diese Entwicklung von der industriellen Trocknung verursacht wurde. Für den, der nur ein bißchen eigene Erfahrung mit dem Trocknen von Lebensmitteln hat, ist es schwer zu verstehen, daß eine so gute Konservierungsart für den Hausgebrauch vergessen werden konnte.
Die meisten historischen Zitate, die im Buch vorkommen, stammen aus dem Werk »Die Kunst des Trocknens und Verpackens aller Arten von Gemüse und Wurzelgemüse. Eine

Anweisung für neue Nahrungsmittel«. Dieses Buch schrieb Johann Georg Eisen 1799. Über diesen vorausblickenden Pfarrer lesen Sie mehr im Kapitel über die »Geschichte des Trocknens«.
Die Anwendung von getrockneten Produkten in der Küche habe ich besonders ausführlich beschrieben. Die Angaben im Kapitel »Rezept-Ideen« sind alle praktisch erprobt und können weiterentwickelt werden.
Wichtige Fragen waren zu beantworten: Welche Gerichte aus getrockneten Produkten sind rasch herzustellen? Was können Sie unangemeldeten Gästen anbieten? Was nimmt man auf Reisen mit? Welche Gerichte stellen Sie für Bergwanderungen und Camping zusammen?
Wir leben in einer Zeit, in der verschmutzte Luft und verunreinigtes Wasser beinahe schon normal sind. Irgendwo zwischen Brotsuppe und Farbfernseher verloren wir unser Verhältnis zur Natur. Wir haben uns daran gewöhnt, daß andere für unser Wohlergehen sorgen. Wenn wir uns schlecht fühlen, nehmen wir oft lieber Tabletten, als unsere Lebens- und Eßgewohnheiten zu ändern.
Dieses Buch soll auch einen Denkanstoß in diese Richtung geben. Der Leser soll auch sehen, was man für wenig Geld oder gar gratis herstellen kann. Beides wird berücksichtigt: gesunde Ernährung und preiswerte Herstellung der Nahrungsmittel.
Wichtige Bestandteile unserer Nahrung können wir in Wald und Flur finden. Die Natur gibt uns die Dinge, die wir brauchen.
Ich hoffe, daß dieses Buch allen Lesern ein bißchen nützt und ein wenig Neues bringt. Und daß jeder etwas findet, was ihm Freude macht.

Geschichte des Trocknens

Von Arne Groth und Sigri Sahlin

Im Zusammenhang mit der Energie- und Umweltkrise sind viele zur Einsicht gekommen, daß es wichtig ist, die alten Methoden des Konservierens und Lagerns von Lebensmitteln wieder aufleben zu lassen. Die Haushalte früherer Zeiten waren unabhängiger, da ihre Vorräte aus heimischen Produkten bestanden. Konservieren durch Trocknen ist ein uraltes Verfahren in der Vorratshaltung. In südlichen Ländern hat man schon sehr früh entdeckt, daß süße Früchte wie Datteln, Feigen, Trauben und Maulbeeren nach dem Trocknen haltbarer und gehaltvoller sind. Es ist bekannt, daß die Armen in Südasien die heruntergefallenen und im Gras getrockneten Maulbeeren sammelten. Die so getrockneten Beeren haben einen hohen Zuckergehalt. So bietet die Natur zugleich Nahrung und zeigt, wie man sie konservieren kann. Es besteht kein Zweifel, daß Lebensmittel in den verschiedensten Kulturen getrocknet wurden. In kälteren und feuchten Klimazonen hat man die natürliche Sonnentrocknung zum Teil durch Trocknung mit einfachen Heizmethoden ersetzt. Meistens wurde die Sonnentrocknung angewendet.

Fisch wurde auf den Felsklippen (Klippfisch) oder auf Holzgestellen (Stockfisch) getrocknet.

Fleisch wurde auf spezielle Trockengestelle gehängt oder auf Wände genagelt. Auf diese Art konservierten die Nomadenvölker ihr Fleisch.

Früchte und Beeren wurden und werden überall in der Welt getrocknet. Auf Gärdslösa in Ödland hat man in einem Grab aus der Bronzezeit (1800–600 vor Christus) Schlehenbeeren gefunden.

Pflanzen sind leicht zu trocknen.

Gemüse wurde meistens in Krisenzeiten getrocknet, wenn Mangel an Nahrung herrschte.

Getreide mußte immer schon getrocknet werden. In den ägyptischen Pyramiden hat man Getreidekörner gefunden, die ihre Keimfähigkeit über 3000 Jahre behalten hatten. Das spricht für eine gut durchgeführte Trocknung und Aufbewahrung.

Ein Rückblick auf die Gebräuche bei der Essenszubereitung in Nordeuropa macht verständlich, wie die Tradition des Trocknens entstand, an die wir in diesem Buch anknüpfen. Mit dem Christentum kam das Gebot, die Nahrung nicht roh zu verzehren, sondern alles über dem Feuer zuzubereiten. Das galt vor allem für tierische Produkte. Olaus Magnus erwähnt um das Jahr 1500, daß die nordischen Völker das ganze Jahr über Fleisch aßen, das nur gesalzen, geräuchert und getrocknet war. Man hielt bis weit in die Zeit des Christentums hinein an der heidnischen Essenszubereitung fest. Der Kirche gelang es nur, die Völlerei einzudämmen.

Mit der Reformation und den neuzeitlichen Strömungen entstand ein neues Interesse für Ernährung. Bei den Wohlhabenderen artete dieses Interesse wieder in Völlerei aus. Aber es entstanden doch auch einige Koch- und Haushaltsbücher. Pehr Brahe publizierte 1581 das Werk »oeconomia« oder »Haushaltsbuch«. Im Haus, meint Brahe, sucht man Frieden, Speis und Wohlbehagen. Das Buch ist für Haushalte mit großer Vorratswirtschaft geschrieben. In ihm steht, daß Zwetschgen getrocknet wurden, aber es sagt nicht wie.

Durch den Kapitalzuwachs und die Entdeckung neuer Länder und Kontinente wurden durch den Handel Kräuter, Kaffee, Zucker, Tee, Wein und Branntwein für die Reicheren erschwinglich, nicht jedoch für die Ärmeren.
Durch die Eroberungskriege und den folgenden Plantagenbau nahm der Welthandel rasch und stark zu. Durch den Reichtum wurden die Eßgewohnheiten immer mehr verfeinert. Nun reichte man vor jeder Mahlzeit eine Fleischsuppe. In ärmeren Haushalten wurde sie durch eine Gemüsesuppe ersetzt. So lernte man damals im Handumdrehen den Gebrauch von wilden Gemüsen und Pflanzen für die Suppenzubereitung kennen.
Früchte und Beeren bereicherten die Tafel. Der Bedarf nach getrockneten Ingredienzen für die Suppe wuchs schnell.

Vor diesem Hintergrund fällt es nicht schwer, die große Bedeutung zu verstehen, die das Buch von J. G. Eisen hatte, als es Ende des 18. Jahrhunderts erschien: ein instruktives Buch über das Trocknen von Gemüse. Das beleuchtet der folgende Ausschnitt aus diesem Buch: »Anmerkung: Diese Unterweisung, die zuerst auf deutsch erschien und dann in russischer Sprache in der ›Petersburger Ökonomischen Gesellschaft‹ präsentiert wurde, hat überall größte Aufmerksamkeit erregt. Auf deutsch wurde das Buch mehrere Male aufgelegt. Die russische Kaiserin und der König von Polen zollten dem Autor schriftlich Anerkennung. Der König von Preußen ließ das Buch überprüfen und gab dem Verfasser eine Goldmedaille. Der Graf von Lippe-Bückeburg ließ zu Ehren von Herrn Eisen sogar eine Schaumünze in Gold und Silber prägen ...

Über den Nutzen der Gemüsetrocknung: Die Kunst, Gemüse zu trocknen, ist keinesfalls neu, ganz zu schweigen vom Trocknen von Arzneikräutern und Gras. Auch Spinat, Petersilie, Erbsen, Bohnen, gelbe Rüben und vieles mehr trocknet man schon sehr lange. Finnische Bauern trocknen sogar Krautblätter. Mein Verdienst ist nur, daß ich den Trocknungsvorgang verbessert und vereinfacht habe, damit recht viele Menschen so arbeiten können.«

Zuerst Säuerung, dann Trocknung

Im Buch von Pfarrer Eisen lesen wir, daß man um 1700 auch Sauerkraut trocknete. Das war aber nicht alles! Die russischen Bauern säuerten Pflanzen und Blattgemüse, um sie dann zu trocknen. Man nahm die Blätter von Steckrüben, Rüben und Rettichen, junge Triebe von Hopfen und Disteln, Haferwurzeln und viele andere wilde Pflanzen. Sie wurden einzeln oder gemischt eingesäuert. Oft wurden Zwiebeln oder Schnittlauch dazugemischt. Nach dem Säuern und Trocknen wurde alles leicht gesalzen oder gepfeffert und in Behälter verpackt. Diese Mischungen wurden nach dem Einweichen für Suppen verwendet. Die gesäuerten und getrockneten Pflanzen mischte man nach dem Einweichen auch in den Roggen- und Gerstenteig für Zwieback. So war z. B. »Kohlzwieback« ein beliebtes Gebäck für Reisende. Man weichte den Zwieback ein und hatte gleich eine Suppe. In Deutschland säuerte und trocknete man Weißkohl (Weißkraut) auf die gleiche Art, gab aber dann noch Beeren, Kümmel, Äpfel und manchmal Wacholderbeeren dazu.

Pfarrer Eisen beschreibt in seinem Buch das Trocknen von Wurzel- und Blattgemüsen sowie von Wildpflanzen. Viele davon kennen wir heute nicht mehr. Er kannte das Säuern und Trocknen auch aus Deutschland, Polen, Rußland, Holland und Frankreich. Das beeindruckt, wenn man an die Kommunikationsmöglichkeiten im 18. Jahrhundert denkt.

Über die in allen Ländern ähnliche Anwendungspraxis schrieb J. G. Eisen: »Ein geschickter Koch versteht von sich aus, wie er all die getrockneten Sachen auf die beste Weise verwenden kann. Was ich über das Kochen sage, ist nur für die, die die Kochkunst nicht beherrschen und sich daher auch nicht selber helfen können.«

Ratschläge aus älteren Büchern

Viele Bücher geben Tips, wie man die getrockneten Produkte am besten transportieren, verpacken und aufbewahren kann. Einige Verfasser diskutierten auch die Frage möglichst großer Gewinne durch den Export. Da ist vor allem Johan Fischerström zu nennen, der während der Jahre 1770 bis 1792 die Bücher »Neues Schwedisches Ökonomisches Lexikon« sowie »Versuch über ein allgemeines vollständiges Lexikon Schwedischer Hauswirtschaft und Naturlehre« veröffentlichte. Ein Zitat daraus: »In ertragreichen Jahren sollen verschiedene Beeren gesammelt und aufbewahrt werden. Es ist besser, einen gehörigen Vorrat an getrockneten Weintrauben, Himbeeren, Stachelbeeren und Heidelbeeren zu haben, als die teuren Rosinen und Korinthen aus dem Ausland zu kaufen.« Es spricht nicht gerade für die Sparsamkeit der Menschen, wenn wir es trotz so vieler einheimischer Beeren nicht verstehen, diese milden Gaben der Natur zu nützen. Warum soll nicht ein Handelszweig mit Trockenfrüchten entstehen? Wie leicht könnte man diese Waren transportieren! Dies kann nicht oft genug hervorgehoben werden. J. G. Eisen dachte dabei auch schon an eine Art Warendeklaration. Zitat: »Eine wichtige politische Maßnahme: Wenn jedermann ohne Beschränkung trocknen und die getrockneten Waren verkaufen könnte, dann würde das Ganze rasch seinen Wert verlieren. Denn Unkundige könnten aus Gewinnsucht verfälschte Waren auf den Markt bringen. Nicht genug damit, könnten auch giftige Pflanzen beigemischt sein, die im getrockneten Zustand nicht als solche erkennbar sind. Deshalb sollte jeder, der Trockenprodukte auf den Markt bringt, ein eigenes Siegel haben, womit er auch alle seine Transportbehälter (›Kartuschen‹) kennzeichnet. Dieses Siegel erhält ein Hersteller nur dann, wenn seine Waren überprüft und für gut befunden wurden. Auf Mißbrauch eines solchen Markenzeichens sollten strenge Strafen stehen.«

J.G. Eisen fand auch, daß eine Art Rationalisierung und Zentralisierung des Trocknens von Vorteil wäre. Zitat: »Der Vorschlag, Getreide in einem Trockenraum über Backöfen zu trocknen, hat mich auf den Gedanken gebracht, daß das Getreidetrocknen offiziell den Bäckern übertragen werden sollte. Da sie sowieso jahrein, jahraus ihre Backöfen heizen, kann man die Wärme nach dem Backen sinnvoll dazu nutzen. Die Ärmeren in der Bevölkerung könnten wilde Pflanzen sammeln und sie an die Bäcker verkaufen. Für die Versorgung der Armee und der Flotte sollte auf Kosten der Krone (des Staates) ein zentrales, gemeinwirtschaftliches Trockenwerk eingerichtet werden ...«

An den alten Büchern über Heimtrocknen ist auch interessant, daß sie Beschreibungen enthalten, wie früher Energie gespart wurde. So hat man z.B. die Wärme von Holzherden maximal ausgenützt. Gustav Norbäck schrieb darüber in seinem Buch »Notizen über den Gartenbau«, das 1901 erschien: Sobald man das Feuer im Herd ausgelöscht habe, sollten die Trockengitter (Trockenroste) ins Backrohr geschoben werden, um die Produkte über Nacht zu trocknen. G. Norbäck beschreibt in seinem Buch unter anderem auch »Trockenkästen« über dem Kochherd, die die aufsteigende Wärme ausnützen.

J.G. Eisen schrieb schon Ende des 18. Jahrhunderts: »Man sollte niemals Wärme verschwenden. Wenn nach dem Backen das Brot aus dem Backofen genommen wird, muß man sofort mit dem Trocknen beginnen.«

Fischerström interessierte sich für den Energieverbrauch der verschiedenen Trockenhäuser (siehe Seite 15). Zitat: »Um Brennstoff zu sparen, wäre es wünschenswert, daß im ganzen Land Kachelöfen verwendet würden. Außerdem sollte die Einrichtung von Trockenhäusern allgemein üblich werden: vor allem frei stehende Backöfen mit Rauchabzug und Trokkenhausaufsatz. Darin kann man doppelt so viel Getreide und Malz trocknen wie in gewöhnlichen Backöfen.«

Trockenhäuser gehörten früher einfach dazu

Bis vor etwa zwanzig oder dreißig Jahren gab es in Norwegen oder Westschweden das Sprichwort: »Heiß wie in einem Trockenhaus.« In solchen Trockenhäusern trocknete man Flachs, Hopfen, Malz und Getreide. Malz ist eingeweichte Gerste, die gekeimt hat und die man dann etappenweise trocknet, wobei ein süßlicher Geschmack entsteht. Man verwendet Malz bekanntlich zum Bierbrauen.

Auch J. G. Eisen gab einige Ratschläge für das Trocknen im Trockenhaus: »Wenn man Wurzeln und Gemüse in Bündeln in den Wohnstuben aufhängt, werden sie unter anderem durch Fliegen, Spinnen, Staub und Spinnweben verunreinigt. Das Trocknen über der Herdplatte ist nicht nur beim Kochen unbequem. Die Wärme ist ungleichmäßig verteilt, und oft wird es zu heiß. Das Trocknen über dem Herd geht gut, wenn nicht viel getrocknet wird. Es ist wichtig, dort zu trocknen, wo das ›Grünzeug‹ weder schimmeln noch brennen kann.«

Die Trockenhäuser wurden verschieden benützt. Sie wurden etwa auch als Selchhäuser verwendet.

Es gab die verschiedensten Typen von Trockenhäusern. Ihnen allen war gemeinsam, daß sie meistens keinen Rauchabzug hatten und ein Stück vom Wohnhaus entfernt standen: wegen der Brandgefahr! Weil sie sofort brannten, übernahm keine

Versicherung das Risiko. Viele Trockenhäuser waren aus Stein und teilweise in Hügel gebaut. Wahrscheinlich hatte auch dies mit der Brandgefahr zu tun. Das Dach war aus Holz, gedeckt mit Tang, Torf, Stroh oder anderen Materialien, die zur Verfügung standen. In der Mitte des unteren Teils befand sich ein primitiver Backofen, von dem der Rauch in den Trockenraum aufstieg. Manche Trockenhäuser hatten sogar zwei Stockwerke.

Das Trocknen von Heilpflanzen und Beeren

Zu Anfang dieses Jahrhunderts schloß die Schwedische Heilpflanzengesellschaft ein Abkommen mit Landwirten in den verschiedensten Teilen des Landes über den Anbau von Heilpflanzen. Jeder baute jene Pflanzen an, die auf seinem Boden am besten gediehen. Es gab eine Fülle von Pflanzen für den medizinischen Gebrauch. Diese Bauern verstanden ihre Arbeit. Die Heilpflanzengesellschaft leistete Hilfe in Form von Schriften und gab Auskunft über Anbau und Ernte, Trocknung, Verpackung und Aufbewahrung. Mit dem Sortieren der Pflanzen wurden meist Kinder und Alte beschäftigt.
Trockenanlagen für die Heilpflanzen gab es oft neben den Feldern. Auch für Beeren gab es spezielle Anlagen. In Gegenden, wo es viele Heidelbeeren gab, entstanden Genossenschaften. In Schweden gab es mindestens zwölf solcher Trockenanlagen. Da konnten die Pflücker jede Menge Beeren abliefern. Heute haben wir die Möglichkeit, solche Anlagen mit Sonnenenergie zu betreiben.

Trocknung und getrocknete Lebensmittel heute

Schon im 19. Jahrhundert entwickelte sich das industrielle Trocknen. Jetzt gibt es mehrere neue Methoden: z. B. das Vakuumtrocknen, das Sprühtrocknen und das Gefriertrocknen.

In jedem Lebensmittelgeschäft finden wir heutzutage viele getrocknete Produkte. Für gewöhnlich denken wir nicht sonderlich darüber nach. Die Produktpalette ist reichhaltig: Es gibt Gewürzkräuter, Rosinen, Zwetschgen, Kaffee, Tee, Kakaopulver, Backmischungen, Kartoffelpüree und Eipulver, Milchpulver, Gemüsesuppen, Obst, Beeren und vieles mehr. Ein Teil dieser Produkte wurde bei hohen Temperaturen getrocknet, und viele wurden mit Chemikalien behandelt. Beim Trocknen im Haushalt brauchen wir keine Chemikalien, und die Temperatur bestimmen wir selbst.

Über das industrielle Trocknen gibt es eine Menge Literatur in englischer und deutscher Sprache. Der Interessierte kann sich diesbezüglich an Hochschulbibliotheken wenden.

Nahrungsmittel trocknen – warum?

Es war interessant, die Reaktionen der verschiedenen Menschen zu beobachten, als sie erfuhren, daß ich an einem Buch über das Trocknen von Beeren, Obst, Gemüse, Pilzen und Kräutern arbeitete. Die meisten reagierten sehr positiv und sahen darin die kommende Konservierungsmethode, auch wenn manche den Nutzen des Kartoffeltrocknens in Frage stellten. Als nächstes möchte ich daher die Gründe zusammenfassen, die für das Trocknen sprechen. Hoffentlich werden damit die meisten Fragen beantwortet. Aber zuerst überlasse ich das Wort Pfarrer Eisen. Er sagte Ende des 18. Jahrhunderts: »Trocknen heißt, daß die flüssigen und festen Teile ihren natürlichen Zustand behalten. Nur das Wasser verdunstet. Dadurch bleiben Farbe, Geschmack und Festigkeit erhalten. Beim Einweichen und Kochen dringt das Wasser wieder in die Saftgänge ein. Je nach Beschaffenheit der Pflanze verliert sie während des Trocknens an Gewicht.
Mit Sicherheit wird diese Kunst für Leute, die wenig Platz zur Verfügung haben und die sich einen Wintervorrat anlegen, interessant sein.«
Was J. G. Eisen damals sagte, ist heute noch aktuell: Es gibt nicht so viele Menschen, die eine Vorratskammer ihr eigen nennen. Auch Stadtmenschen leben oft sehr beengt.
Für Bergsteiger, Camper, Bootfahrer und Wanderer ist selbstgetrockneter Proviant sehr wertvoll. Mit Hilfe von warmem Wasser kann man sich schnell einen Juice, einen Brotaufstrich oder eine Suppe zubereiten. Man kann sich sein Essen

selbst zusammenstellen. Es ist preiswert, und man kann selbst ausrechnen, wieviel man pro Person braucht. »Chips« und Naschereien in Form getrockneter Fruchtstücke sind leicht mitzunehmen.

Fragen und Antworten

Heugeschmack? Grau? Fad? Geschmacklos?

Absolut nicht. Jeder, der nach Anleitung dieses Buches Lebensmittel blanchiert, trocknet, lagert und zubereitet, wird sehen, daß der Geschmack und die Farbe oft kräftiger werden als bei frischer Ware.

Braucht man viel Zeit zum Trocknen?

Man braucht nicht mehr Zeit zum Trocknen als zum Einwekken oder Einfrieren. Die Zeit, die man im Sommer und Herbst für die Herstellung braucht, spart man im Winter bei der Zubereitung. Mahlzeiten aus getrockneten Produkten kann man sehr schnell zubereiten. Es ist ja alles schon gewaschen, geputzt und zerkleinert. Auch der Gestreßte kann sein Essen schnell zubereiten und wird trotzdem satt. Bei den Vorarbeiten fürs Trocknen spart man Zeit, weil man ja größere Mengen auf einmal zubereitet. Vielleicht besorgen Sie sich eine Handraffel für Gemüse oder ein entsprechendes elektrisches Gerät für dünne Scheiben oder einen Pommes-frites-Schneider für Stäbchen!
Wer Pilze sammelt, kann sie leicht geschnitten trocknen. Dann füllen sich nach und nach die Gefäße mit verschiedenen Pilzsorten.
Genauso können Sie es mit Beeren machen.

Ist *das* T*rocknen billig*?

Was die Energie betrifft, ist das Trocknen viel billiger als das Einfrieren. Ein Tiefkühlschrank braucht ja während der gesamten Lagerzeit Energie. Beim Trocknen hat man weder mit einem Stromausfall noch mit einem technischen Gebrechen Ärger.
Getrocknete Produkte halten viel länger als gefrorene oder konservierte.
Pflanzen und Kräuter sollen höchstens ein Jahr, Beeren, Obst und blanchiertes Gemüse können – bei entsprechender Lagerung – mehrere Jahre lang aufbewahrt werden. Das ist praktisch, weil man ja nicht jedes Jahr gleich viel ernten kann. Besonders gilt das für Pilze und Beeren. Das Gemüse muß immer erstklassig und frisch sein. Auch wenn etwa Bananen besonders günstig angeboten werden, kann man einige Kilo trocknen. Man kann sie dann zum Naschen, für Kuchen oder Bananenmilch verwenden.
Wenn Ihnen jemand 10 Kilo Tomaten schenkt, die Sie nicht gleich verbrauchen können, so trocknen Sie sie, um später Juice, Saucen, Suppen und anderes zuzubereiten.
Von den getrockneten Produkten nimmt man immer nur so viel, wie man gerade braucht. Das ist auch ein Vorteil.

Kann man wirklich alles trocknen?

Ja, man kann wirklich alles trocknen, auch Gurken und Melonen. Allerdings kann man aus den Gurken dann nur Saucen und Suppen machen oder, wenn man feine Scheiben hobelt, »Chips«. Melonen können ein köstliches Konfekt sein.

Ist T*rocknen schwer*?

Nein! Es ist einfach und unterhaltsam, vielleicht auch, weil es schnell geht. Man muß nur waschen, putzen, schneiden,

eventuell schnell blanchieren und dann die Stücke auf die Trockengitter, Trockensiebe oder die Trockenroste legen.
Bei der Zubereitung muß man zu dem greifen, was man im Kochtopf haben will. Das ist alles. Die einzige Ausnahme sind die Pilze, die man vorher einweichen muß. Außerdem braucht man nicht so auf die Lagerungstemperaturen zu achten wie bei Konserven.

Gibt es noch andere Punkte zu bedenken?

Die Nährstoffe bleiben in getrockneten Produkten sehr gut erhalten. Das beweisen wissenschaftliche Untersuchungen. Konservierungsmittel oder Chemikalien werden nicht zugesetzt.
Wenn man einige Dosen mit trockenen Produkten gefüllt hat, kann man auch dann etwas kochen, wenn man nicht zum Einkaufen kam. Es ist natürlich möglich, getrocknete und frische Produkte zu mischen. Selbst nach monatelanger Abwesenheit von zu Hause ist man in der Lage, gleich eine komplette Mahlzeit auf den Tisch zu bringen.

Auch Diätkost läßt sich leicht aus Trockenerzeugnissen herstellen. Es gibt herrliche salzfreie Suppen, die man unendlich variieren kann. Auch Frucht- und Beerensäfte sind leicht zuzubereiten.

Aus dem »Handbuch der Aufbewahrungskunst«

von Johan Carl Leuchs 1835

Allgemeine Anmerkungen übers Trocknen:
Ein fester Körper trocknet durch Entzug von Flüssigkeit. Die Trocknung teilt man in mehrere Grade ein: verwelkt, schwach, stark, sehr stark und vollkommen trocken. Verwelkt nennt man den geringsten Grad des Flüssigkeitsentzuges bei Körpern, die vor allem durch Flüssigkeit ihre Form erhalten. Getrocknet nennt man Körper, die keine sichtbare Feuchtigkeit mehr aufweisen. Stark getrocknet sind Körper, wenn sie den größten Teil ihrer Elastizität verloren haben. Vollkommen trocken sind sie dann, wenn sie mit starker Wärmezufuhr noch länger getrocknet werden. Der höchste Grad der Trocknung geht schon in Röstung, ja in Verbrennung über, wobei sich gewisse Teile des Körpers mehr oder weniger verändern. Der Entzug von Flüssigkeit ist nicht die einzige Veränderung, die sich beim Trocknen ergibt. Die wichtigsten zusätzlichen Veränderungen sind:

a Von den im Körper befindlichen ätherischen Ölen verflüchtigt sich immer ein wenig mit der Flüssigkeit. Das trifft besonders für Produkte zu, die mit starker Hitze oder in der Sonne getrocknet wurden.
b Die getrockneten Früchte erhalten neue Eigenschaften, die die frischen nicht hatten und die nur durch die Art des Flüssigkeitsentzuges zustande kommen. Je langsamer getrocknet wird, desto deutlicher wird das sichtbar. Einige Beispiele dazu: Wenn Fleisch langsam trocknet, dann neigt es

zum Verfaulen. Karotten (Möhren), Pflaumen, Kirschen und andere Früchte, die Zucker enthalten, gewinnen hingegen durch langsames Trocknen an Süße. Daraus kann man ableiten, daß die Luft viele Inhaltsstoffe in Zucker verwandelt oder daß hier eine zuckerbildende Gärung stattfindet. Das gleiche geschieht übrigens beim Heu.

c Durch starke Trocknung verändert man jene Teile, die sich durch Erhitzung und Flüssigkeitsverlust am Anfang nicht verändert haben. Die meisten Körper erhalten genau deshalb die Eigenschaft, sich mit Wasser schwer zu verbinden. Das heißt, diese Nahrungsmittel sind schwieriger zu kochen und aufzuweichen. Obendrein sind sie weniger sättigend. Ein Beispiel: Stärke ist in kochendem, und tierisches Eiweiß in kaltem Wasser nicht löslich. Wenn nun beide zu stark getrocknet werden, machen sie eine Entwicklung durch, durch die sie vollkommen unlöslich werden. Stark getrocknetes Fleisch verbindet sich nicht mit Wasser und bleibt hart, ganz gleich, ob es gekocht oder gebraten wird.

Die Lösung heißt: unvollkommenes Trocknen. Dabei muß man danach trachten, so zu trocknen, daß sich der Saft nicht ganz und gar verflüchtigt, sondern nur so weit, daß das Schimmeln oder Verrotten verhindert wird. In diesem Fall wird der Saft ganz im unvollkommen getrockneten Produkt gebunden. Man kann, um das zu erreichen, auch wasserbindende Stoffe wie trockenes Mehl, Salz oder Zucker verwenden.

Trockenmethoden und -geräte

Im großen und ganzen gibt es drei Trocknungsmethoden für den Haushalt.

Lufttrocknung

Trocknen kann man im Haus oder außerhalb des Hauses, indem die zu trocknenden Produkte aufgehängt oder ausgebreitet werden. Der ideale Platz ist warm, dunkel, trocken und luftig. Für Pflanzen, Pilze, Bohnen oder ähnliches ist die Lufttrocknung besonders geeignet.
Wenn man keinen Trockenapparat hat, kann man Gemüse oder Obst trotzdem im Haushalt trocknen. Suchen Sie mit dem Thermometer eine warme Stelle, die gleichzeitig gute Luftzirkulation aufweist. Staubige Stellen mit hoher Luftfeuchtigkeit sind unbrauchbar, dunkle sind den hellen Stellen vorzuziehen, besonders für Pflanzen und für Produkte, die eine lange Trocknungszeit benötigen. Die Temperatur für Obst und Gemüse darf 50 °C nicht überschreiten. Kräuter trocknet man bei höchstens 35 °C.

Trocknen mit künstlicher Wärme

Bei dieser Trockenart verwendet man einen Trockenapparat oder andere Wärmequellen im Haus. Siehe Kapitel »Ratschläge fürs Trocknen«, Seite 39.

Sonnentrocknung

Die Sonnentrocknung wurde von alters her von Naturvölkern und Bauern in den meisten Ländern angewendet. Bis zur Jahrhundertwende war sie fast überall üblich. In vielen Ländern trocknet man in der Sonne Bananen, Feigen, Äpfel, Birnen und andere Früchte. Die meisten Beeren, Früchte und Gemüse, die man mit künstlicher Wärme trocknet, kann man auch in der Sonne trocknen. In Ländern, wo man Linsen und viele andere Hülsenfrüchte anbaut, werden auch diese in der Sonne getrocknet. Schwierig wird es erst bei Blattgemüse, Zwiebelscheiben, Lauch und kleinen Obststückchen. Ein Trockenapparat hat nur eine begrenzte Größe und Kapazität, verglichen mit der Sonnentrocknung. Außerdem darf man nie vergessen, daß die Sonne Gratisenergie liefert, während man für künstliche Trocknung zahlen muß (Beispiele für Trocknung mit Sonnenenergie finden Sie auf S. 35ff.).
Die Voraussetzung für Sonnentrocknung sind hohe Temperaturen und trockene Luft. Ein paar Regentage können das Trockengut verderben! Sonnentrocknen in feuchtem Klima, bei schnell wechselndem Wetter oder starker Luftverschmutzung ist nicht günstig. Sehr saftige, d. h. wasserreiche Produkte brauchen lange Zeit zum Trocknen, und da kann natürlich allerhand passieren. Bei sehr starkem Sonnenschein und Wind kann man auch im Schatten trocknen.

Zubehör

Am besten verwendet man Trockensiebe, -roste oder -gitter (siehe Seite 35f.). Das sind einfache Holzrahmen, die mit mehr oder weniger feinem Draht bespannt sind. Bedecken Sie die Siebe, Roste oder Gitter mit einem dünnen Mulltuch. Den Mull kann man leicht sauberhalten. Außerdem sind die getrockneten Produkte leicht zu handhaben, wenn sie auf einem Tuch liegen. Breiten Sie das Trockengut so aus, daß Luft und

Sonne überall dazu können. Dann spannen Sie noch ein Mulltuch darüber, um Vögel und Insekten fernzuhalten. Es dient auch als Windschutz. Legen Sie eventuell auch ein paar Holzklötze unter den Rahmen, damit die Luft auch von unten zirkulieren kann. Wenn Sie keine Trockenrahmen oder -siebe haben, verwenden Sie große Tabletts oder ein großes, flaches Gefäß. Dann spannen Sie Mull oder Packpapier darüber. Breiten Sie dann die Produkte aus, und bedecken Sie alles wieder mit einem Stück Mull.

Wenn Sie alte Fenster haben, legen Sie sie mit Hilfe von Holzklötzen in einem Abstand von ca. 3 bis 5 cm über die Rahmen. Das erhöht die Temperatur, und die Luft kann gut zirkulieren. Legen Sie die Rahmen an einen Platz, wo die Sonne den ganzen Tag hinscheint und wo auch Sie leicht hinschauen können. Es sollte eine ebene Fläche sein, aber erhöht, damit eventuell vorhandene Tiere (Hunde, Katzen, Hühner) nicht dazu können. Tische und Bänke sind dazu gut geeignet, ebenso ein flaches Dach, verschiedene Gestelle oder ein Fensterbrett.

Die Trockenrahmen sollen so früh wie möglich am Morgen hinausgebracht und bei Sonnenuntergang wieder ins Haus genommen werden. Bleiben sie über Nacht draußen, können die zu trocknenden Lebensmittel die Feuchtigkeit der rauhen Nachtluft aufnehmen. Wenden Sie das Trockengut mehrere Male am Tag, damit alles gleichmäßiger trocknet. Damit es schneller geht, ist es am besten, man schneidet alles in Scheiben, Streifen oder Würfel. Die Trockenzeit beträgt dann ein bis drei Tage. Zwetschgen und Birnen benötigen drei bis fünf Tage. Das gilt aber nur, wenn die Wetterverhältnisse optimal sind.

Man kann Sonnentrocknung mit künstlicher Trocknung kombinieren, indem man zuerst im Trockenapparat vortrocknet und in der Sonne nachtrocknet.

Ob die Produkte trocken sind, kontrolliert man folgendermaßen: Man schneidet ein Stück durch und schaut nach, ob die

Farbe in der Mitte dunkler ist. Wenn ja, ist noch Feuchtigkeit vorhanden, und das Trocknen muß fortgesetzt werden. Man sollte auch aufpassen, ob die Konsistenz in der Mitte anders ist.
Zwetschgen und andere Früchte kann man vor dem Trocknen in heißes Wasser tauchen, um eventuell vorhandene Insekten oder deren Larven und Eier zu vernichten. Um sie vor Insekten zu schützen und eine Braunfärbung zu vermeiden, taucht man in verschiedenen Ländern Feigen, Äpfel und andere Früchte in kaltes Salzwasser (4 Eßlöffel Salz auf 4 Liter Wasser). Manchmal wird Zitronensäurelösung empfohlen. Meiner Ansicht nach ist es am besten, so schnell wie möglich im Trockenapparat zu trocknen. Bei langer Trockenzeit wird nämlich das Obst dunkler. Mit dem Trockenapparat braucht man höchstens 24 Stunden. Sonnentrocknung kann bis zu eineinhalb Wochen dauern – je nach Witterungsverhältnissen.
Um bei Erdbeeren, Weintrauben und dergleichen ein besseres Aroma zu erhalten, kann man Zucker darüberstreuen. Man muß aber dann öfter mischen.
Anstelle des Trocknens mit Sieb und Rahmen kann man Gemüse (etwa Paprika oder grüne Bohnen), Pilze oder Obst (z. B. Rhabarber und Äpfel) auch auf Drähte oder Schnüre fädeln und zum Sonnentrocknen aufhängen. Man sollte aber kleine Zwischenräume zwischen den einzelnen Stücken lassen, damit überall Luft dazukommen kann.

Wo man trocknen kann

Über dem Kühlschrank.
In der Nähe eines elektrischen Heizkörpers.
Über einem Radiator.
In einem Trockenkasten.
Über einem Warmluftventilator.
Über dem Kochherd.
In einem Backofen.

Ein Backrohr ist nicht so gut zum Trocknen geeignet, wie die meisten glauben, außer es ist ein Heißluftrohr. Sonst besteht das Risiko, daß die Produkte gekocht statt getrocknet werden. Das Backrohr muß wegen der Luftzirkulation offen bleiben. Das dauert lang, braucht viel Energie, und die Küche wird sehr warm. Die Temperatur soll maximal 60°C betragen, je nachdem, was man trocknet. Es gibt auch Backrohr-Thermometer. Das Trockengut darf nur auf Rosten und nicht auf dem Blech liegen. Nach oben und unten sollen 5 bis 10 cm Abstand bleiben.
Man soll die Roste laufend austauschen. Auch muß das Trockengut oft gewendet werden!

Trocknen in Sträußen

Kräuter und andere Pflanzen kann man zu Sträußen gebunden zum Trocknen aufhängen. Man macht kleine Sträuße, wickelt eine feste Schnur oder Gummi um die Stengel und versieht sie mit einer Schlaufe zum Aufhängen. Die Sträuße werden dann mit Wäscheklammern oder anderen Klammern auf einer gespannten Schnur, einer Gardinenstange mit Haken oder Ringen befestigt. Sie können auch eine lange Bambusstange nehmen. Ihrer Phantasie sind keine Grenzen gesetzt. Lassen Sie die Sträuße, wenn sie trocken sind, nicht weiter hängen! Sie könnten wieder Luftfeuchtigkeit aufnehmen, wieder trocknen usw. Das macht die getrockneten Pflanzen unansehnlich und vermindert den Duft, den Geschmack und das Aroma.
Nehmen Sie also die Sträuße, sobald sie trocken sind, und rebeln Sie alles von den Stielen ab. Das geht am besten in einer großen Schüssel oder in einem Pappkarton. Sie können die Sträuße auch in einen festen Nylonsack geben, diesen auf eine harte Unterlage geben und ihn mit den Händen tüchtig rollen. Blätter, Blüten und Samen lösen sich dann schnell und können sogleich in Dosen umgefüllt werden.

Trocknen auf Stäben und Schnüren

Auf kleinen Stäben können Sie Apfelringe trocknen. Entfernen Sie das Kerngehäuse mit Hilfe eines speziellen Kerngehäuseentferners oder mit einem Stück Rohr. Dann schneiden Sie die Äpfel in Ringe, fädeln die Ringe auf eine Schnur und spannen diese über einem Heizelement oder über einer anderen Wärmequelle aus. Auf feste Schnüre können Sie Stückchen von Pilzen, Äpfeln und Bohnen sowie Löwenzahnwurzeln auffädeln. Dann wird die Schnur gespannt.

Trocknen in dünnen Lagen

Zupfen Sie gleich nach dem Ernten der Kräuter die Blätter und Blüten von den Stielen. Legen Sie Packpapier, niemals Zeitungen, auf den frisch gereinigten Boden oder auf Tabletts. Ein warmer, luftiger Platz ist am besten dafür geeignet. Dann breiten Sie die Pflanzen sorgfältig aus. Wenn Sie mehrere Sorten trocknen, ist es praktisch, die Namen der Pflanzen aufs Papier zu schreiben. Denn im getrockneten Zustand sind die verschiedenen Pflanzen nicht leicht zu erkennen und zu unterscheiden. Es ist wichtig, das Trockengut oft zu wenden.

Trockensiebe, Trockenroste, Trockenrahmen

Es handelt sich entweder um normale Siebe in verschiedensten Größen oder um einfache Rahmen, in die Gitter gespannt sind. Auf diesen kann man Pilze, Pflanzen, Hagebutten usw. trocknen.
Trockenrahmen für Dachböden sollten ungefähr 80 × 180 cm groß sein und wie Fenster aussehen. Die Rahmen sind aus einfachen Holzleisten. Das Netz soll feinmaschig und aus Metall oder Plastik sein. Auch dünne Holzjalousien sind verwendbar. Wichtig ist nur, daß die Luft gut zirkulieren kann. Es ist vorteilhaft, die Rahmen waagrecht aufzuhängen. Die Luft

zirkuliert in diesem Fall besser, und die Pflanzen trocknen schneller und gleichmäßiger. Bedecken Sie die Rahmen mit einem dünnen Mulltuch. Damit können Sie alles leichter sauberhalten.

Kleine Trockenroste, -siebe und -rahmen kann man vielseitig verwenden: zum Beispiel über Heizelementen. Vielleicht besitzen Sie alte Bilderrahmen, die Sie bespannen können. Auch geflochtene Körbe oder Körbe aus Draht, bespannt mit einem Stück Mull, eignen sich gut.

Trockenroste für das Backrohr können Sie folgendermaßen herstellen: Nehmen Sie ein Stück feinmaschiges Drahtnetz. Biegen Sie es über die Kanten eines Backblechs. Nehmen Sie dann das Blech weg, und schlagen Sie die Kanten mit Hilfe eines Hammers fest aufeinander. Nun haben Sie ein Trockengitter, das in das Backrohr paßt. Legen Sie wieder ein Stück Mull darüber. Damit verhindert man, daß kleine Teile auf den Backrohrboden fallen.

Schneiden Sie das Tuch etwas größer zu, und rollen Sie es an den Kanten leicht ein. Sollte sich dieses Gitter durchbiegen, können Sie ein Kuchengitter, das zum Backrohr gehört, als Verstärkung, das heißt als Stütze darunterschieben. Sie können die Trockengitter oder das Drahtnetz auch doppelt nehmen. Siebe aus Rattan oder anderen Naturmaterialien findet man gewöhnlich in Kaufhäusern, Korbstudios oder asiatischen Geschäften. Die geeignetsten haben einen durchlässigen Boden und niedrige Kanten. Die Größen variieren stark. Man kann sie gut übereinander mit Ketten, Schnüren, geflochtenem Bast oder hübschen Bändern aufhängen. Das sieht nett aus und ist praktisch.

Ein Gestell für Backbleche kann auch kleine Trockenroste und Siebe aufnehmen.

Zum Trocknen von Pflanzen auf Tabletts nimmt man frisches Papier, das die Feuchtigkeit aufsaugt. Sobald das Papier unansehnlich wird, wird es ausgetauscht. Auch mit großen Kartonplatten, die man an den Rändern mehrere Zentimeter aufbiegt und deren Ecken man mit Klebeband befestigt, kann man sich helfen. Wer nicht viel Platz zur Verfügung hat, kann sie auf Bücherregale oder auf Garderobekästen legen. Da die Wärme aufsteigt, trocknet knapp unter dem Plafond alles besser.

Die Technik des Trocknens

Von Arne Groth

Dieser Abschnitt enthält einige kurze Anmerkungen zum Leistungsvermögen von Trockenanlagen und Anleitungen zum Selbstbau von Trockengestellen und von Trockenkästen.
Ein normales Trockengestell für den Haushalt besteht im allgemeinen aus 4 bis 8 Trockenrahmen, die nun so übereinandergelegt werden, daß die Rahmen dicht aneinanderschließen und die Netze bzw. Gitter ca. 4 bis 6 cm Abstand haben. Der unterste Rahmen steht auf einem Sockel über einer Wärmequelle, etwa einer Kochplatte oder einem Heizelement. Die warme Luft steigt zwischen den Sieben und den Obst- oder Gemüsestücken, die man auf dünne Mulltücher zum Trocknen ausgelegt hat, auf. Durch die Wasserverdunstung sinkt die Temperatur der aufsteigenden Luft.
Die Luftzirkulation ist so zu regulieren: Wenn z. B. beim mittleren Rost 50 °C gemessen werden, soll die Temperaturdifferenz zwischen oberstem und unterstem Rost nicht mehr als 5 bis höchstens 10 °C betragen. Man bohrt dazu in die Rahmen kleine Löcher, durch die ein Thermometer gesteckt und die Temperatur gemessen werden kann. Man kann das Thermometer auch auf den Rost legen.
Die aufsteigende Luft sollte gleichmäßig warm sein. Eine punktförmige Wärmequelle ist dazu nicht sehr gut geeignet. Die gleichmäßigste Wärmeverteilung erreicht man mit einer großen, regelbaren Elektrokochplatte.
Bei normalen Trockengestellen dieser Art – die Roste haben eine Fläche von insgesamt ca. 0,5 Quadratmeter – braucht

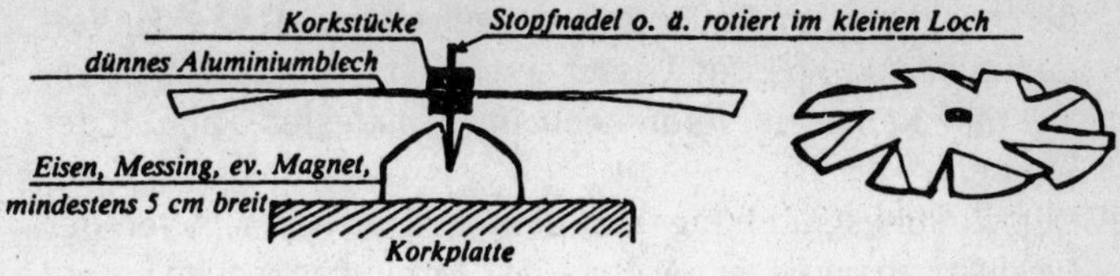

Beispiel für wärmeverteilenden Rotor,
der von der aufsteigenden Wärme betrieben wird.

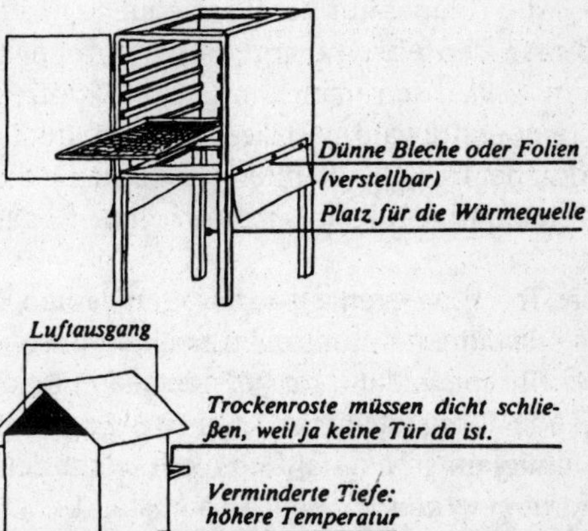

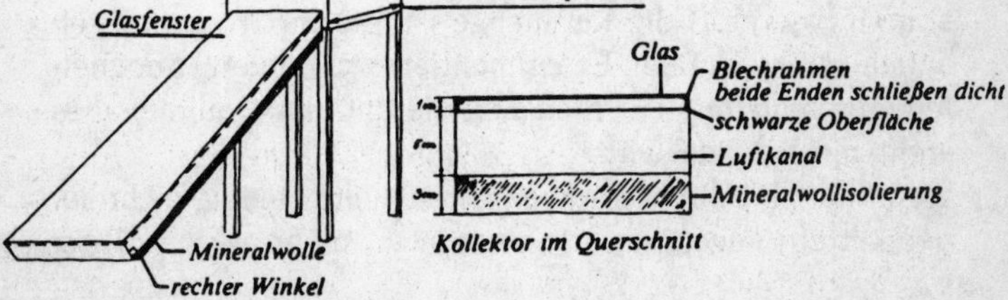

man Geräte mit ca. 400 Watt Leistung. In 6 Stunden wird durchschnittlich eine Energiemenge verbraucht, die der Verdunstung von 3,6 Liter Wasser entspricht. Beim Trocknen von 2,8 Kilo Kartoffeln verdunsten im günstigsten Fall 2 Liter Wasser.
Der Wirkungsgrad hängt von den Trockeneigenschaften des Produkts ab und liegt bei etwa 55%. Er kann aber auch bis auf weniger als die Hälfte sinken.
Da Beeren und Früchte zum Trocknen mehr Platz und eine längere Trockenzeit erfordern als etwa zerkleinertes Gemüse, wird der Preis pro Kilo Ausgangsprodukt höher liegen. Damit nähern wir uns den Stromkosten, die der Aufbewahrung im Tiefkühler während ca. einem halben Jahr entsprechen.
Verfolgen wir den Trocknungsverlauf etwas genauer, so sehen wir, daß die Temperatur der Luft, die durch die Trockengitter zirkuliert, um so höher steigt, je trockener das Gemüse wird. Läßt sich die Temperatur der Wärmequelle nicht regulieren, so muß man den Abstand von dieser zum untersten Gitter verändern. Dazu kann man zum Beispiel Klötze unterlegen. Für die Temperaturwahl sind die Konsistenz der Produkte, die Zirkulation der Luft, der Wärmeverlust und die damit verbundene Temperatursenkung im obersten Rost ausschlaggebend.
Wenn das Trockengestell auf 40 bis 50 cm hohen Beinen steht und das Aufwärmen mittels einer Kochplatte erfolgt, die sich auf einer Unterlage darunter befindet, kann man die Wärme auf folgende Weise regulieren: Ordnen Sie dünne Bleche oder Aluminiumfolien so an, daß Sie diese leicht befestigen und auf- und abbewegen können. Der Abstand vom Boden bestimmt, wie groß die Luftmenge ist, die im Trockengestell aufsteigen kann. Beim Experimentieren mit den Wärmequellen muß man darauf achten, daß die Unterlage, auf der alles steht, nicht zu heiß wird.
Wenn man Produkte trocknet, die verhältnismäßig dicht auf den Gittern liegen, ist es besser, nicht mehr als vier Gitter

übereinander zu schichten. Damit verhindert man, daß das Trocknen im obersten Rost viel langsamer vor sich geht als im untersten. Man kann aber auch ein- bis zweimal pro Stunde die Roste umschichten.
Das wichtigste am Trocknen ist das Gitter bzw. Netz. Es kann so ausgeführt sein, daß die Roste wie Fliegengitter oder wie Siebe aussehen. Für das Netz kann man feinmaschiges, rostfreies Fliegengitter nehmen, mit einem Maschendurchmesser von 1,6 bis 1,9 mm und einer Drahtstärke von 0,5 bis 0,6 mm (in gut sortierten Eisenhandlungen zu bekommen). Das ist ein gutes, allerdings etwas teures Produkt. Aber es ist – verglichen mit Textilerzeugnissen – leicht reinzuhalten. Das Netz muß, wenn es dünn ist, gespannt und an den Rahmenkanten befestigt werden. Ein Geflecht aus dünnen Stäben und starken Schnüren oder Draht erfüllt den Zweck auch und kommt viel billiger. Dieses Geflecht braucht man auch nicht so sorgfältig zu befestigen. Es genügt dafür eine Leiste an der Unterkante des Rahmens. Das erleichtert auch die Reinigung. Runde Siebe für die Lufttrocknung sollten einen Durchmesser von ca. 36 cm, quadratische eine Seitenlänge von 32 cm und rechteckige ein Maß von 25 × 40 cm haben.
Das Material für die Rahmen soll unimprägniertes Hartholz von Laubbäumen sein. Denn bei Verwendung von Kiefer-, aber auch von Fichtenholz können die getrockneten Produkte leicht harzig schmecken. Jeder soll das Material nehmen, das er leicht bekommt. Man muß auch meine Bauanleitungen nicht sklavisch genau befolgen.
Auch wenn Sie bei Ihrem Entwurf einiges verändern, soll doch der Abstand zwischen den Rosten bzw. Trockenrahmen und der Abstand vom Boden zum untersten Rost beim Sonnentrocknen beibehalten werden.
Man kann die Trockenrahmen übereinanderschichten, man kann aber auch einen Trockenkasten bauen, mit Beinen und einer Tür. An den Innenseiten befestigt man Leisten, auf denen die Trockenrahmen hineingeschoben werden.

Der Kasten hat keinen Boden und ein abnehmbares Dach. Die vier Beine sind 40 bis 50 cm hoch (siehe Abbildung Seite 33 oben).
Man könnte sich auch einen Solartrockner vorstellen, in der Form eines Kastens mit 45 × 45 cm Rahmengröße.
Dieser Kasten muß allerdings 10 bis 15 cm unter dem untersten Rost einen Boden und 90 cm hohe Beine haben. Auch Schutz vor Staub und Regen ist notwendig. Dieser darf aber die Luftzirkulation nicht behindern. Unmittelbar über dem Boden und unter der Schranktür soll eine 45 × 7 cm große Öffnung sein. In diese Öffnung soll ein flacher Kollektor mit einem Querschnitt von 45 × 5 cm passen. Dieser Kollektor soll an einer Seite im Winkel von 45° abgesägt werden. Die obere Seite ist dann 132 cm lang und die untere Seite 127 cm lang. Die schräg abgesägte Öffnung hat einen Querschnitt von 45 × 7 cm. Mit der gleich großen Öffnung im Kasten verbunden, berührt das andere Ende des Kollektors, in 90 cm Abstand vom Kasten, den Boden.
Die Oberseite des Kollektors soll aus 4 bis 5 cm dickem Glas bestehen, das starke Temperaturschwankungen aushält. Die untere Seite soll aus mattschwarzem Blech bestehen und außen mit Mineralwolle isoliert sein.
Wird dieser Apparat mit dem geschlossenen Kollektor nach Süden aufgestellt, können die Sonnenstrahlen die Luft unter der Glasplatte erwärmen. Die warme Luft steigt auf und zirkuliert im Trockenapparat.
Frische Luft wird kontinuierlich vom unteren Ende des Kollektors her angesaugt. Sie erwärmt sich und steigt auf. Ein Thermometer am untersten Trockenrahmen zeigt an, ob ein Teil des Kollektors vor den Sonnenstrahlen abgedeckt werden muß. Die Leistung dieses Solartrockners entspricht einer Energie von 700 Watt, wenn die Sonne stark scheint.
Das Dach des Trockners kann man wie bei einer Blockhütte bauen, bei der die Luft durch den Giebel abzieht. Man kann den Wirkungsgrad noch verbessern, wenn man diesen Kollek-

tor etwas komplizierter baut. In diesem Fall ist der Kollektor ganz aus Blech. Er hat die gleichen Maße wie der oben beschriebene. Man streicht aber die Oberseite schwarz. Dann befestigt man darauf 1 cm hohe Leisten, die die Glasscheibe halten. Dadurch entsteht dann zwischen der schwarzen Oberfläche und der Glasscheibe ein heißes Luftkissen, das die aufsteigende Luft unter dem schwarzen Blech erwärmt. Das Schwärzen des absorbierenden Blechs aus Aluminium oder Eisen können Sie nach folgender Anleitung selber machen:

Aluminiumblech

1. Methode: Lösen Sie 1 bis 2 g Ammoniummolybdat, 1 g Natriumazetat und 0,5 g Ammoniumchlorid in 100 ml Wasser auf. Geben Sie einen Tropfen Geschirrspülmittel dazu. Streichen Sie dieses Gemisch auf die Aluminiumfläche, die vorher mit 5prozentiger Sodalösung gereinigt und gespült wurde. Nach einigen Minuten wird die Fläche schwarz. Gut spülen und eventuell den Vorgang wiederholen.
2. Methode: Reinigen Sie die Aluminiumplatte mit Sodalösung. Danach spülen und trocknen. Rühren Sie Eiweiß mit ein wenig Ruß an, und bestreichen Sie damit das Blech. Trocknen lassen. Dann erhitzen, bis das Blech schwarz ist: z. B. mit einem Fön, den Sie gegen die Unterseite des Blechs richten. Machen Sie das aber nicht im Haus, sondern im Freien.

Eisenblech

1. Methode: Lösen Sie 2,5 g Natriumhydroxyd und 20 bis 50 g Natriumnitrat und 5 g Gerbsäure in 100 ml Wasser. Die Lösung soll heiß, bei ca. 60 °C, gleichmäßig über die Platte gegossen werden, jedoch erst, nachdem man die 1 cm hohen Leisten schon angebracht hat.

2. Methode: Behandlung des Eisenblechs mit Eiweiß, wie oben beschrieben.
3. Methode: Wer nicht experimentieren will, kann gut abgebrannten Ofenruß nehmen. Mit schwarzer, hitzebeständiger Farbe kann man es auch versuchen.

Ratschläge fürs Trocknen

Arbeitsgerät

Erschrecken Sie nicht über die folgende lange Liste! Sie sollten sich einmal in Ihrer Küche umschauen, anstatt gleich etwas Neues zu kaufen.

Fürs Trocknen in Scheiben

Stabiles Schneidbrett • Scharfe, möglichst dünne Messer • Rohkostraffel mit Scheibeneinteilung, manuell oder elektrisch zu bedienen • Eierschneider (z. B. für weiche Pilze).

Fürs Trocknen in Stäbchen und Würfeln

Schneidbrett und Messer • Ein guter Pommes-frites-Schneider • Äpfel und Birnen kann man gut in Stäbchen, Wurzelgemüse und Kartoffeln in kleine Würfel schneiden.

Fürs Trocknen in Spalten

Schneidbrett und Messer • Den »Apfelspalter« kann man auch für Wurzel- und Knollengemüse verwenden.

Fürs Trocknen in Streifen

Schneidbrett und Messer • Mit dem Käsehobel kann man Kraut fein schneiden • Rohkostraffel, manuell oder elektrisch. Verwenden Sie die Raffel mit den größten Löchern.

Fürs Blanchieren

Blanchiereinsatz • Salatschleuder (für große Stücke) • Spezielle große Einkochkasserollen.

Fürs Pulverisieren von getrockneten Produkten

Mörser • Rohkostraffel mit feinsten Raffellöchern • Mandel- und Getreidemühle, Kräutermühle für Fenchel und andere Samen • Kaffeemühle. Die neuen Handkaffeemühlen kann man auch fein und grob einstellen. Sie eignen sich ausgezeichnet für Kräuter und Samen. Mit elektrischen Kaffeemühlen kann man harte, getrocknete Wurzelfrüchte pulverisieren. Die Mahlschale soll aus Metall und nicht aus Plastik sein, ebenso wie beim elektrischen Fleischwolf, den man auch zum Pulverisieren verwenden kann. Wenn man einen Mixer nimmt, sollte man sich zuerst erkundigen, ob das Gerät Getrocknetes pulverisieren kann, ohne daß die Maschine beschädigt wird.
Ein Passiersieb kann für Kräuter verwendet werden, ebenso ein gewöhnliches Sieb.

Für Mus und Brei (Eingeweichte Trockenprodukte)

Mixer • Fleischwolf.

Diverse Geräte

Kirschentkerner • Kernhausentferner für Äpfel • Kartoffelschäler.

Wann sind die Produkte trocken?

Wer viel trocknet, entwickelt bald ein eigenes Gefühl dafür, wann die Produkte trocken sind. Man probiert mit den Fingerspitzen und achtet auf Konsistenz und Farbe. Anfangs – bis man mehr Erfahrung hat – ist es besser, bis zu einer etwas härteren Konsistenz zu trocknen. So wird jedenfalls beim Lagern nichts durch Schimmel verdorben.

Pflanzen und Blattgemüse

Die Blätter soll man so groß wie möglich lassen. Dann kann man sie leicht zwischen den Fingern zerreiben. Die Stiele sollen sich noch etwas frisch und nicht wie getrocknetes Holz anfühlen.

Wurzeln und Kartoffeln

Man trocknet sie, bis sie richtig hart sind.

Obst

Wie hart Obst getrocknet wird, hängt vom Zuckergehalt der Früchte ab. Die meisten Obstarten trocknet man, bis sie zäh, lederartig und biegsam sind.

Beeren

Man trocknet sie, bis sie hart sind. Wie hart sie werden, hängt auch hier vom Zuckergehalt ab.
E. A. Granberg schreibt, man soll sie trocknen, »bis man aus den Beeren keinen Saft mehr herauspressen kann«. Aber das ist für Anfänger zu riskant. Der Unerfahrene soll sie trocknen,

bis sie hart sind, und dann langsam ein Fingerspitzengefühl dafür entwickeln, wie es noch besser geht.
Ob die Produkte trocken sind, kann man erkennen, wenn man ein Stück in der Mitte durchschneidet. Sehen Sie nach, ob die Farbe in der Mitte dunkler ist. Das deutet auf Feuchtigkeit hin. Kontrollieren Sie auf gleiche Weise das Getrocknete, das zum Lufttrocknen aufgefädelt wurde. Brechen oder schneiden Sie Stücke durch, kontrollieren Sie wieder Farbe, Konsistenz und Feuchtigkeit.
Bevor Sie das Getrocknete in Säcke oder Dosen füllen, sollten Sie einen Feuchtigkeitstest machen. Legen Sie das Getrocknete locker in ein Glas, und verschließen Sie es fest. Stellen Sie es an einen dunklen, kühlen Platz. Nach 2 bis 3 Tagen schauen Sie nach. Wenn sich ein feuchter Beschlag auf den Produkten oder auf der Innenseite des Glases gebildet hat, ist der Inhalt nicht trocken genug und muß nachgetrocknet werden.
Während des Trocknens wird der Flüssigkeitsanteil der Produkte auf maximal 10% im Gemüse und rund 20% im Obst reduziert.
Wenn industriell getrocknete Produkte mehr Flüssigkeit enthalten, wurden wahrscheinlich Konservierungsmittel eingesetzt.

Wie spart man Trockenzeit?

Die Trockenzeit variiert immer. Wenn das Wetter bei der Ernte feucht oder regnerisch ist, haben die Produkte einen höheren Wassergehalt.
Auch die Verhältnisse während der Wachstumsperiode wirken sich auf den Wassergehalt aus – und damit auf die Trocknungszeit. Ebenso beteiligt sind Temperatur, Luftfeuchtigkeit und Luftzirkulation in den Räumen.

Einige Faktoren, die die Trocknungszeit verkürzen

Schneiden Sie die Scheiben dünn und die Stücke klein. Zwiebel etwa schneidet man quer zur Faser, nie der Länge nach. Alles, was Schnittflächen hat, trocknet schneller.
Geben Sie nur dünne Lagen auf die Roste. Dadurch wird die Luftzirkulation verbessert.
Wenn Sie mehrere Trockenrahmen übereinanderstapeln, lassen Sie ein bißchen Platz zwischen den Rahmen – wegen der Luftzirkulation. Da helfen einfach ein paar zwischen die Rahmen geschobene Stäbchen. Achten Sie auch darauf, daß die Scheiben und Stücke nicht übereinander liegen und zusammenkleben. Bei Apfel- und Birnenscheiben kann das leicht passieren. Überlegen Sie, ob Sie die Früchte nicht lieber mit einem Pommes-frites-Schneider in Stäbchen schneiden. Diese Stäbchen liegen dann wie Streichhölzer übereinander, und die Luft kann dazwischen zirkulieren.
Wenn sich die Wärmequelle unter dem Trockenapparat befindet, tauschen Sie stündlich mehrere Male die Rahmen aus, d. h. Sie geben den obersten Rahmen zuunterst usw.
Ein Trockengerät ohne Thermostat soll nie mehrere Stunden unbeobachtet bleiben. Man soll das Trockengut ständig wenden. Glauben Sie nicht, daß man Trockenzeit spart, indem man Halbgetrocknetes von mehreren Rosten auf einen Rost häuft und die leeren Roste mit frischen Produkten füllt. Wenn man das macht, ziehen die halbgetrockneten Produkte wieder die Feuchtigkeit von den frischen Produkten an, und die Trocknungszeit wird verlängert. Machen Sie bei Regenwetter die Fenster zu.

Verminderung des Volumens beim Trocknen

Um wieviel sich die Produkte verkleinern, hängt vom Wassergehalt ab. Der Wassergehalt hängt unter anderem vom Wetter und den Verhältnissen während der Wachstumsperiode ab. Deswegen kann die folgende Tabelle nur als ungefähre Richtlinie dienen:

Produkt	*frisch*	*getrocknet*
Bananen	1 *l* (*geschnitten*)	3,6–4,4 *dl*
Heidelbeeren	1 *l*	2,2–2,5 *dl*
Bohnen (*grün*)	1 *l* (*geschnitten*)	1,5–2,0 *dl*
Champignons	1 *l* (*geschnitten*)	3,2–3,5 *dl*
Erdbeeren	1 *l* (*teilw. geschnitten*)	1,5–2,0 *dl*
Täublinge (z. B. *Frauentäublinge*)	1 *l* (*geschnitten*)	2,6–3,0 *dl*
Steckrüben (*Wruken*)	1 *l* (*Stäbchen*)	1,6–2,0 *dl*
Rhabarber	1 *l* (*geschnitten*)	1,3–1,6 *dl*
Tomaten	1 *l* (*Spalten*)	2,0–2,5 *dl*

Das Trocknen von Gemüse

Trocknen Sie nur frisches, zartes, erstklassiges Gemüse. Putzen, waschen, zerkleinern, blanchieren und trocknen Sie das Gemüse so schnell wie möglich nach der Ernte. Je kürzer die Zeit zwischen Ernte und Trocknung, desto besser ist die Qualität.

Pilze werden abgebürstet, geputzt und zerkleinert, aber nicht gewaschen. Schneiden Sie sie in dünne Scheiben oder kleine Stücke, solange sie noch wenig eigene Erfahrung mit dem Trocknen haben. Kurze Trocknungszeiten bei niedriger Temperatur führen zum besten Ergebnis. Aber das erfordert viel Fingerspitzengefühl.

Es ist auch wichtig, das Gemüse sofort nach dem Zerkleinern auf die Trockengitter zu legen.

J. G. Eisen hat das am besten ausgedrückt: »Ich erinnere an die wichtige Regel, daß Gemüse, das für eine Trocknung geeignet ist, seine natürliche Eigenfarbe – braun, weiß oder grün – behält. Es sei denn, man trocknet es zu heiß und zu rasch. Dann verwelkt es. Alle Produkte, die blanchiert werden, müssen schnellstens getrocknet werden. Denn nur dadurch wird das Verfaulen verhindert.«

Die Trocknungs- und Blanchierzeiten, die ich in der Tabelle auf S. 68 ff. angebe, gelten für junges, frisches Gemüse. Das Trocknen von älterem Gemüse dauert länger, und das Ergebnis ist nicht so gut. Bei knackigem, zartem Gemüse sind Blanchierzeit und Trockenzeit kürzer, weil das Zellgewebe weicher ist.

Über das Blanchieren

Wurzelgemüse, das man trocknet, ohne es vorher zu blanchieren, wird nach einigen Monaten zäh, grau und heuartig in Geschmack und Geruch. Ich habe verschiedene Blanchierversuche gemacht: mit Dampf, mit gesalzenem Wasser und ungesalzenem Wasser. Das Blanchieren in gesalzenem Wasser führte immer zum besten Ergebnis. Die Blanchiertabelle gilt immer für Blanchieren in gesalzenem Wasser (siehe Seite 68 ff.).

Zubehör

Ein großer Kochtopf mit Deckel, ca. 8 Liter • Ein Dunsteinsatz oder eine Salatschleuder • Ein Kochlöffel oder eine Siebkelle.

Die Wassermenge soll so groß sein, daß das Wasser gleich wieder aufkocht, nachdem man das Gemüse eingelegt hat. Es kommt also wenig Gemüse in viel Wasser. Der Einsatz soll heiß sein, bevor das Gemüse hineinkommt, damit das Wasser nicht zu stark abkühlt. Das Salz verhindert, daß das Wasser zu viele Minerale aus dem Gemüse löst.

*

Eine Wassermenge von 4 Litern ist in der Regel gerade richtig. Aufkochen. 2 Kaffeelöffel Salz pro Liter dazugeben. 0,5 bis 1 Liter vorbereitetes Gemüse im Einsatz ins kochende Wasser tauchen. Die Zeit wird erst vom Wiederaufkochen an gerechnet. Ziehen lassen nach Bedarf. Den Einsatz schütteln oder umrühren. So wird alles gleichmäßiger und schneller blanchiert.

*

Man bekommt mit der Zeit ein bestimmtes Gefühl dafür. Die Blanchierzeit hängt von der Größe der Stücke und von deren

Festigkeit ab. Die Stücke sollen gerade ein wenig weich, aber nicht gekocht werden. Sie müssen ihre Elastizität behalten. In der Tabelle auf Seite 68ff. ist angegeben, welche Gemüse man blanchieren soll.
Außerdem erfährt man dort etwas über die Blanchierzeiten und die Vorbereitung des Gemüses.

Was gewinnt man durch das Blanchieren?

Die blanchierten Produkte trocknen schneller.
Unerwünschte Bakterien werden abgetötet.
Geschmack, Farbe und Festigkeit bleiben besser erhalten, und man kann sie besser und schneller wieder aufweichen. Richtig gelagert, halten die Produkte sehr lang, sogar mehrere Jahre.

Richtige Behandlung verkürzt die Trockenzeit

Die Luftfeuchtigkeit bei der Ernte und bei der Trocknung, das Alter des Gemüses, das Blanchieren, die Zahl der Schnittflächen, die Form und Größe der Stücke: all das wirkt sich auf die Trocknungszeit aus. Auch die Schnittrichtung ist mitentscheidend. Quer zur Faser geschnittene Gemüse trocknen schneller und werden beim Einweichen nicht zäh.
Grüne Bohnen (Fisolen) trocknen am besten, wenn man sie längs und quer schneidet. Lassen Sie das Gemüse nach dem Blanchieren gut abtropfen, bevor Sie es auf die Trockenroste legen. Breiten Sie alles sorgfältig aus, damit die Luft überall dazu kann. Vergessen Sie nie, daß die Luftzirkulation genauso wichtig ist wie die Temperatur. Lesen Sie dazu das Kapitel »Wie spart man Trockenzeit«. Wenden Sie das Gemüse oft, damit die Stücke nicht zusammenklumpen oder an der Unter-

lage festkleben. Dann trocknet alles schneller und gleichmäßiger. Streichen Sie ein wenig Öl auf die Gitter, damit die Stücke nicht festkleben.

Knollen- und Wurzelgemüse

Kartoffeln und alle Sorten von Wurzelgemüse sollen zumindest eine Schnittfläche haben, damit sie schneller trocknen. Kleine Radieschen etwa halbiert man oder schneidet sie leicht ein. Wurzelgemüse enthält nicht so viel Flüssigkeit, und diese verdunstet relativ schnell über die Schnittflächen. Deshalb trocknen Sie sie ruhig von Anfang an mit der angegebenen Höchsttemperatur. Kartoffeln und Wurzelgemüse soll man trocknen, bis sie richtig hart sind.

Blattgemüse, Gewürzkräuter und wilde Pflanzen

Alle Blattgemüse sind leicht zu trocknen. Ein Teil davon muß blanchiert werden, z. B. Kraut. Die dünnen Teile trocknen schneller, die Rippen und Stengel langsamer. Wenn die dünnen Blätter trocken sind, dringt die Feuchtigkeit von den Blattrippen her in sie ein. Auf diese Weise trocknet das ganze Blatt eher langsam. Dicke Rippen wie bei Kohl oder Kraut entfernt man deshalb vorher und trocknet sie separat. Mit den Stengeln macht man es ebenso.

Kräuter trocknet man in kleinen Sträußen oder auch Blätter und Stengel getrennt. Das geht schneller. Wenn sich die Blätter zwischen den Fingern zerreiben lassen und die Stengel noch frisch aussehen und nicht wie getrocknetes Holz, dann sind die Kräuter trocken.

Die beste Stelle, um Blattgemüse zu trocknen, ist ein dunkler, warmer, luftiger Raum. Kohl und Spinat brauchen etwas höhere Temperaturen (siehe Tabelle auf Seite 68ff.). Alle unblanchierten Gemüse haben eine kürzere Lagerzeit. Trocknen Sie nur, was Sie bis zur nächsten Ernte aufbrauchen

können (siehe die Kapitel »Trockenmethoden und -geräte« sowie »Wilde Pflanzen und Kräuter«).
Wünschenswert ist wie immer ein schnelles Trocknen bei niedriger Temperatur.

Artischocken

Die Artischocken waschen, in Würfel oder Scheiben schneiden, blanchieren und trocknen.
Ich finde nicht, daß sich die Mühe lohnt, Artischocken zu trocknen. Aber für den, der sich für so ein Abenteuer interessiert, lasse ich Pfarrer Eisen sprechen: »Daß in Holland Artischocken getrocknet werden, ist bekannt. Ich habe vergessen, sie im vergangenen Jahr anzubauen. Aber ich stelle mir vor, daß man die Schuppen und Böden zuerst blanchiert und dann sehr schnell über dem Herd trocknet. Auf die gleiche Art müßte man sie im ganzen trocknen können.«

Auberginen (Melanzani)

Schälen und in 4 bis 7 mm dicke Scheiben, Würfel oder Stäbchen schneiden. Nicht blanchieren.

Blumenkohl (Karfiol)

Blumenkohl hat den Nachteil, daß er beim Trocknen leicht grau und zäh wird. Deshalb muß man schnell und genau arbeiten. Der Blumenkohl soll frisch, jung und gut blanchiert sehr schnell wie möglich auf schon vorgewärmte Trockengitter gelegt werden.

Während des Trocknens wird der Blumenkohl grau, aber beim Kochen wieder weiß. Das Einweichwasser soll kochen, wenn man den getrockneten Blumenkohl einlegt. Nach dem Kochen soll er so rasch wie möglich gegessen werden. Bleibt er länger im Kochwasser liegen, wird er grau und zäh. Wenn man diese Anweisungen genau einhält, ist er fast so gut wie frischer gekochter Blumenkohl.
Der Blumenkohl wird in kleine Röschen zerteilt. Der Strunk wird abgeschält, in kleine Stücke geschnitten oder grob geraffelt. Die feinen Blätter werden blanchiert und separat getrocknet. Siehe das Suppenrezept aus Blumenkohlresten Seite 126.

Brokkoli

»Seinem Aussehen nach nichts anderes als ein in Italien und den wärmeren Ländern gezüchteter Blaukohl. In Deutschland wird er auch Braunkohl genannt, woraus dann schließlich das Wort Brokkoli entstand. Das ist eine vortreffliche Kohlsorte, wenn man sie richtig zubereitet. Schade, daß er so wenig verwendet wird« (J. G. Eisen).
Blätter und Knospen getrennt blanchieren und getrennt trocknen. Strünke und grobe Stengel (geschält oder ungeschält) in Stücke schneiden und blanchieren. Man kann sie bei höherer Temperatur als die Blätter trocknen (50°C).

Bohnen

Bohnen verschiedener Sorten werden wie Erbsen behandelt.

Chicoréesalat

Er wird nudelig geschnitten (quer).

Chinakohl

Die festeren Teile in kleinere und die dünnen Blätter in breitere Streifen schneiden.

Dill

Bei trockenem Wetter kann man kleine Sträußchen an einem warmen Platz zum Lufttrocknen aufhängen.
Aber das benötigt viel Zeit. Man kann die Blättchen auch abzupfen und zum Lufttrocknen ausbreiten.
Die Stiele trocknet man separat bei schwacher Wärme. Am besten trocknet man alles bei 35 °C. Aber auch bei dieser Methode müssen die Blättchen abgezupft werden. Denn nach dem Trocknen ist dies schwierig.
Mixen oder mahlen Sie die getrockneten Stengel als Würze für die Suppe. Man kann auch die ganzen Stengel mitkochen. Vor dem Anrichten nimmt man sie heraus.

Erbsen, Linsen, Bohnen

Dazu rechne ich alles, was wir normalerweise schon getrocknet kaufen. Z. B. gelbe und grüne Erbsen, Kichererbsen, Linsen, braune Bohnen, Sojabohnen, weiße Bohnen usw. Um sie verwenden zu können, etwa in Suppen aus getrockneten Zutaten, müssen sie zuerst gekocht und dann getrocknet werden. Kochen Sie sie, bis sie weich, aber nicht zerkocht sind. Ideal ist es, wenn es gelingt, nur so viel Wasser zu nehmen, wie die Hülsenfrüchte aufnehmen können, so daß kein Wasser übrig bleibt. Dann bei ca. 50 °C trocknen. Beim Einweichen braucht man dann nur mehr einige Minuten zum Kochen, oft nicht einmal mehr das.

Gewürzkräuter

Dazu rechnet man Basilikum, Borretsch, Kümmel, Kerbel usw. ... Für gewöhnlich hängt man sie in kleinen Sträußen zum Trocknen auf. Man kann die Blätter von den Stengeln zupfen und separat trocknen.

Grüne Bohnen (Fisolen)

Grüne Bohnen kann man im ganzen trocknen. Das dauert mindestens sieben Stunden. Die Trockenzeit bleibt auch dann lang, wenn man sie quer in Stücke schneidet. Wenn man sie auch der Länge nach und dazu noch schräg schneidet, verkürzt das die Trocknungs- und die Einweichzeit. Früher gab es eine Art Schneidemaschine, die die Bohnen der Länge nach und dann schräg schnitt. Die grünen Bohnen werden blanchiert und bei maximal 50 °C getrocknet . Man kann sie auch vor oder nach dem Blanchieren auf Schnüre oder dünne Drähte auffädeln und an der Luft trocknen.

Gurken

Gurken trocknet man geschält. Ungeschälte Gurken kann man nur äußerst langsam trocknen. Die Schale wird zäh.
Schneiden Sie die Gurken in 5 bis 8 mm breite Scheiben. Man kann sie auch in längliche Stückchen schneiden. Wenn man Gurken mit der Rohkostraffel zerkleinert oder mit dem Messer in dünne Scheiben schneidet und diese trocknet, bis sie knusprig sind, erhält man sehr gute »Chips«!

Kartoffeln

Es gibt kein Gemüse, über das in der Literatur des Trocknens mehr geschrieben wurde, als über die Kartoffel. Und man merkt, daß viele Verfasser ihre Schwierigkeiten damit hatten. Trotzdem urteilen offensichtlich viele enthusiastisch über getrocknete Kartoffeln. Zitat von Johann Carl Leuchs: »Das Trocknen von Kartoffeln vermehrt nicht nur deren Wert als Nahrungsmittel, da ein großer Teil Wasser und Stärke wegfällt. Es ist auch das sicherste Mittel, um sie für längere Zeit aufbewahren zu können. Die Ökonomische Gesellschaft in Bath schickte im Backrohr getrocknete Kartoffeln nach Jamaika, sie waren nach drei Jahren noch vollkommen in Ordnung.«
Die gebräuchlichsten Formen sind Stäbchen, würfelig geschnittene Stücke und Scheiben. Sie sollen immer in Salzwasser und nie in Dampf blanchiert werden. Jeder, der schon Kartoffeln geschält hat, weiß, daß man sie sofort ins Wasser legen muß. Andernfalls werden sie schwarz. Deshalb ist es nicht ratsam, sie ohne Blanchieren zu trocknen.
Bei Versuchen mit alten und frischen Kartoffeln habe ich drei verschiedene Blanchiermethoden getestet: Dampfblanchie-

ren, einmaliges kurzes Aufkochen und Blanchieren während mehrerer Minuten. Die dampfblanchierten Kartoffeln wurden während des Trocknens grau, insbesondere die alten. Ein Teil der Stücke wurde ganz schwarz. Beim Einweichen wurden sie außen schleimig, blieben innen hart und rochen ranzig. Das Ergebnis war also wirklich nicht zufriedenstellend. Die Kartoffeln, die kurz aufgekocht wurden, waren von deutlich besserer Qualität. Am besten waren die Kartoffeln, die einige Minuten blanchiert wurden.
Kartoffeln sollten so lange blanchiert werden, bis sie weich sind, aber trotzdem ihre Konsistenz behalten.

Kohl

Die Blätter von den groben Rippen befreien, in schwach gesalzenem Wasser blanchieren und trocknen. Rippen, Stiele und Strünke (geschält) in Stücke schneiden, blanchieren und bei etwas höherer Temperatur trocknen (50 °C).

Kohlrabi

Waschen und schälen. In Scheiben, Stäbchen oder Würfel schneiden oder grob raffeln. Blanchieren und trocknen.

Kürbis

Halbieren Sie den Kürbis mit einem scharfen Messer, und schneiden Sie ihn dann der Länge nach in Spalten. Schaben Sie das Kerngehäuse heraus. Die Stücke schälen, schneiden oder grob raspeln. Nicht blanchieren! Wer die Kerne trocknen will, muß sie säubern und separat trocknen. Sie sind gut zum Knabbern, wenn man sie stark trocknet.

Lauch (Porree)

Schneiden Sie den Lauch der Länge nach durch, damit Sie auch zwischen den Blättern besser spülen können. Dann schneiden Sie 0,5 cm breite Streifen, das Grüne natürlich mit. Blanchierter Lauch wird weicher und ein bißchen anders im Geschmack. Das Blanchieren des Lauchs ist also Geschmacksache.

Möhren (Karotten)

Möhren waren im 17. Jahrhundert sichtlich nicht beliebt. Pastor Eisen hat nicht darüber berichtet, obwohl er über viele, für uns heute ungewöhnliche Gemüse schrieb. Über das Trocknen von Möhren ist nichts Besonderes zu berichten. Es gelten die gewöhnlichen Vorschriften: blanchieren, trocknen usw. Ich möchte gerne über meine eigenen Erfahrungen beim Experimentieren schreiben. Dampfblanchierte Karotten bekommen einen faderen Geschmack und Geruch als im Wasser blanchierte. Die Konsistenz wird härter und die Farbe grau und dunkel.

Es ist wichtig, sorgfältig im Salzwasser zu blanchieren. Mein Experiment, die Möhren der Länge nach zu schneiden (der Faser nach), führte zu einem überraschenden Ergebnis. Beides, Geruch und Geschmack, wurde schlechter. Außerdem wurden sie zäh. Ich habe verschiedene Stücke in verschieden temperiertem Wasser eingeweicht. Am besten war wie immer kochendes Wasser. Als kleine Kuriosität kam heraus, daß Würfel ein bißchen süßer und aromatischer waren als Scheiben oder Stäbchen. Ich empfehle jedem, auch selber zu experimentieren. Das ermöglicht noch mehr Einsichten in den Trocknungsvorgang.

Paprika

Schneiden Sie den Paprika der Länge nach in 4 bis 6 Teile. Entfernen Sie die Kerne und die weiße Haut. Schneiden Sie dann 0,5 cm breite Querstreifen. Manche werden das Blanchieren vorziehen: Die Stücke werden weicher, und der Geschmack verändert sich ein bißchen. Ob das von Vorteil ist, soll jeder nach seinem Geschmack entscheiden. Roter Paprika, getrocknet (nicht blanchiert) und pulverisiert, kann ein sehr gutes Paprikapulver ergeben: hervorragend, was Geschmack, Farbe und Geruch betrifft. Man kann dieses Pulver für Pilzgerichte anstelle von Pfeffer verwenden. Warum sollte man nicht einmal auch Paprikapulver aus grünem Paprika zubereiten?

Pastinak

Er wird wie Kohlrabi behandelt. Nehmen Sie auch die Blätter. Stiele und grobe Rippen sind zu entfernen. Verwenden Sie sie pulverisiert als Zugabe oder Gewürz in Suppen und Saucen, für Kräuterbutter oder Gewürzsalz.

Petersilie

Bei sehr trockenem und warmem Wetter kann man kleine Büschel zum Trocknen aufhängen. Die Petersilblätter werden leicht gelb, weshalb man die Trocknungszeit so kurz wie möglich halten soll. Deshalb sollen die Büschel sehr klein sein. Man kann die Blätter auch abzupfen und zum Lufttrocknen ausbreiten.

Radieschen

In kleine Stücke oder Scheiben schneiden. Auch kleine Radieschen durchschneiden, damit mehr Schnittflächen entstehen. Sonst dauert das Trocknen zu lange. Radieschen in schwach gesalzenem Wasser blanchieren. Nicht blanchierte Radieschen werden zäh!

Rettich

Putzen, blanchieren und trocknen wie Kohlrabi. Wie beim Blumenkohl muß schnell gearbeitet werden, damit der Rettich nicht zäh wird.

Rosenkohl (Kohlsprossen)

In Scheiben, Spalten oder Würfel schneiden und in schwach gesalzenem Wasser blanchieren.

Rote Rüben (Rote Bete)

Das Problem bei den Roten Rüben ist der Saft, der so leicht ausfließt. Das passiert augenblicklich, wenn in irgendeiner Art die Schale verletzt wird. Wer schon Rote-Rüben-Suppe gekocht hat, weiß, daß der Saft an die Suppe abgegeben wird und die Rüben ihre rote Farbe verlieren. Deshalb ist es wichtig, daß man schnell und gründlich arbeitet, rasch blanchiert und die Stücke auf vorgewärmte Trockner legt. Das Salz im Blanchierwasser verhindert den Austritt des Saftes ein wenig.

Beim Einweichen geben Sie etwas Zitronensaft ins Wasser. Das verfeinert den Geschmack der etwas süßen Rüben.

Rote Rüben bereitet man wie Kohlrabi vor: reinigen, schälen und schneiden. Die Blätter schmecken gut zu Wintersuppen. Entfernen Sie die Stiele und groben Rippen, und trocknen Sie sie bei maximal 35 °C. Ich habe auf drei Arten versucht, die Blätter an der Luft zu trocknen: die ganzen Blätter in Büscheln, ganze Blätter und Blätter ohne Stiele und Rippen ausgebreitet. Bei allen drei Versuchen wurden die Blätter aufgrund der langen Trocknungszeit leicht gelb.

J. G. Eisen gibt in seinem Buch den Rat, Rote Rüben, die man sonst beim Vereinzeln wegwirft, zu trocknen. »Man sät die Roten Bete sehr dicht und nimmt zum Kochen die, die man beim Vereinzeln herauszieht, um für die übrigen Platz zu machen. Diese wachsen dann bis zum Herbst weiter.«

Diese kleinen Roten Rüben blanchiert man nicht vor dem Trocknen, weil sie ja fast nur aus Blättern bestehen. Auf diese Weise könnte man es auch mit Pastinak machen.

Rotkohl (Rotkraut)

Über Rotkohltrocknung gibt es nicht viel Literatur.
Und die, die es gibt, ist sehr widersprüchlich. Die einen bestehen darauf, daß man Rotkohl nicht blanchiert. Die anderen wieder wollen ihn blanchieren und wie Weißkohl behandelt wissen. Deshalb gehe ich wieder von meinen eigenen Versuchen aus. Rotkohl, der nicht blanchiert wird, behält beim Trocknen die Farbe, wird aber beim Einweichen bleich und verliert die Farbe wieder. Blanchierter Rotkohl verliert beim Blanchieren etwas an Farbe, wird aber beim Trocknen dunkel-blaurot, was sogar abstoßend wirken kann. Beim Einweichen bekommt er zum Teil wieder seine ursprüngliche Farbe und wirkt nicht grau und ausgelaugt wie unblanchierter Rotkohl.
Blanchierter Rotkohl läßt sich länger lagern. Auch sind Geschmack und Konsistenz besser.
Mein Rat: In leicht gesalzenem Wasser blanchieren und wie Weißkohl (siehe Kohl) behandeln.
Warum essen wir eigentlich keine Rotkohlsuppen mit getrockneten Brotwürfeln, Nudeln oder viel Petersilie und Kerbel?
Die Herstellung von Mahlzeiten aus getrockneten Produkten ladet dazu ein, unkonventionell zu sein!

Rote Zwiebeln

Pastor Eisens Einschätzung der roten Zwiebeln: »Rote Zwiebeln sind das gebräuchlichste Gewürz und werden für die meisten Gerichte verwendet. Im Frühling fehlen sie, worüber die Köche sehr bekümmert sind. Auf Reisen ist es noch schlimmer. Im Winter frieren, im Sommer vertrocknen sie.

Wenn man sie der Länge nach schneidet, brauchen sie viele Tage zum Trocknen. Schneidet man sie aber quer in Scheiben, trocknen sie sehr rasch. Man darf sie nicht verwelken, sondern nur rasch trocknen lassen.«
Im 17. Jahrhundert waren die Köche also »bekümmert«, wenn sie keine roten Zwiebeln hatten. Und heute vernachlässigen wir sie!

Salat

Über die Bekömmlichkeit von Salat schrieb Pfarrer Eisen: »Es gehört zu den Gesundheitsregeln, daß man Steak nie ohne Salat ißt. Denn der Pflanzensaft und der Essig lösen das Fett und unterstützen die Verdauung. Viele sind so große Salatliebhaber, daß sie – wie meine fränkischen Landsleute und meine Nachbarn aus Schwaben und wie ich selbst – nicht den Salat wegen des Steaks, sondern das Steak wegen des Salates essen.«
Die groben Rippen entfernen. In Stücke schneiden und separat trocknen.

Saubohnen (Pferdebohnen)

Sie wurden früher luft- und wärmegetrocknet: im ganzen, in Stücken oder ausgelöst. Saubohnen werden beim Trocknen oft schwarz. Daher ist es wichtig, sie gut zu blanchieren. Auslösen, blanchieren und trocknen.

Schnittlauch

Schnittlauch kann man im ganzen trocknen. Das vermindert aber die Qualität und erfordert eine längere Trocknungszeit. Das beste ist, man schneidet ihn ca. 1 cm lang. An warmen, trockenen Tagen kann man den Schnittlauch ausbreiten und lufttrocknen.

Schwarzwurzeln

Wie Blumenkohl schnell und gründlich verarbeiten, damit sie nicht schwarz werden. Schälen und in 1 bis 2 cm lange Stücke schneiden.
Etwas dickere Schwarzwurzeln auch der Länge nach durchschneiden. So wird die Trocknungszeit verkürzt und die Qualität verbessert. Rasch in Salzwasser blanchieren und auf die vorgewärmten Trockengitter legen.

Sellerie

Waschen und putzen. In Scheiben, Stücke, Stäbchen oder Würfel schneiden.
Eventuell grob raspeln.
Nach Bedarf blanchieren und ziehen lassen. Entfernen Sie die Stengel und groben Rippen von den Blättern, und trocknen Sie sie auch. Als Gewürz für verschiedenste Speisen und im Kräutersalz zu verwenden.

Spinat

Zerschneiden Sie größere Blätter. Auf den Trockenrahmen ausgebreitet, trocknen Sie sie bei maximal 35 °C. Dünne Stiele und grobe Rippen entfernen und separat trocknen. Durch Einweichen in lauwarmem Wasser bekommt der Spinat einen etwas schärferen Geschmack. Wenn man Spinat in heißem Wasser einweicht, verändert sich der Geschmack auch, wird aber mild und gut.

Steckrüben (Wruken)

Sie werden wie Kohlrabi bearbeitet.

Tomaten

In Spalten schneiden und mit der Schale nach unten auf leicht geölte Trockengitter legen. Wenn die Tomaten sehr saftig sind, trocknet man sie auf leicht geöltem Backpapier. Man kann Tomaten auch quer in Scheiben schneiden.
Getrocknete Tomaten sind sehr gut und sehr praktisch als Geschmackszusatz zu verwenden: feingeschnitten oder zerbröselt in Suppen, Saucen usw.
Auch Tomatenpulver können Sie herstellen. Mehr darüber auf Seite 148.

Wilde Pflanzen

Von wilden Pflanzen nimmt man in der Regel nur die Blüten oder/und die Blätter, nicht die Stiele. Die Blüten und Blätter werden ausgebreitet und bei maximal 35 °C getrocknet (siehe Kasten »Wilde Pflanzen und Kräuter«).

Zucchini

Nicht schälen. In Stücke schneiden oder grob raffeln. Nicht blanchieren.

Zuckererbsen

J. G. Eisen meint ganz aufrichtig: »Nichts ist mir öfter mißlungen als das Trocknen von Zuckererbsen. Ich habe heute noch Säcke voll Schoten, die mißlungen sind. Damit die Erbsen ihre schöne grüne Farbe beibehalten, muß man sie halbreif pflücken.«
Ich bin genauso aufrichtig, wenn ich Ihnen sage, daß Zuckererbsen ganz leicht zu trocknen sind und gut schmecken. Aber beides, das Blanchieren und die Art, sie zu schneiden, ist sehr wichtig (siehe Grüne Bohnen).

Zwiebeln

Zerkleinern Sie die Zwiebeln auf der Rohkostraffel, oder schneiden Sie sie quer mit einem dünnen, scharfen Messer.

Schneidet man sie der Länge nach, brauchen die Zwiebeln äußerst lange zum Trocknen. Die Scheiben sollen nicht zu dünn sein. Deshalb ist nicht jede Rohkostraffel geeignet.

*

Daß die Zwiebel viele aromatische Stoffe enthält, wissen alle, die einmal Zwiebeln geschnitten haben. Das kann zum Problem werden, weil man ja größere Mengen schneiden muß.
Einige Tips: Fenster öffnen. Tragen Sie Schi- oder Motorradbrillen. Oder kleben Sie sich ein Stück durchsichtigen Kunststoff über die Augen.
Waschen Sie die Händen nach der Arbeit mit Seife und kaltem Wasser. Dann riechen Sie nicht mehr nach Zwiebeln.

*

Die Zwiebeln nicht blanchieren. Getrocknete Zwiebelringe schmecken gut als »Chips«. Man kann sie auch pulverisieren und für Gewürzsalz und Gewürzmischungen verwenden.

*

Gibt man getrocknete Zwiebeln direkt in die Suppe, wird der Geschmack leicht bitter. Auch das Anrösten in Fett ist nicht gut. Besser ist folgende Vorgangsweise:
0,5 dl Wasser erhitzen, 1 Löffel Fett dazugeben und schließlich 0,5 dl getrocknete Zwiebeln. Alles soll so lange köcheln, bis die Zwiebeln das Wasser aufgesaugt haben.

*

Einige Zwiebeln sind so mild, daß sie gleich in die Gerichte gegeben werden können. Jene, die normalerweise Zwiebeln schlecht vertragen, haben weniger Probleme mit getrockneten Zwiebeln.

Zwiebelgrünes

Siehe Zwiebeln. Die langen Triebe kann man auch verwenden. Schneiden Sie sie in 1 cm lange Stücke. Trocknen wie Schnittlauch bei maximal 35 °C. Wie Schnittlauch verwenden.

Das Trocknen von Pilzen

Lufttrocknung

Die traditionelle Art, Pilze zu trocknen, ist das Auffädeln und Aufhängen an einer luftigen Stelle. Dafür eignen sich trokkene Pilze wie Pfifferlinge (Eierschwammerln), Herren- und Steinpilze, Nelkenschwindlinge usw. Die Pilze müssen frisch und frei von Insektenbefall sein.
Kleine Pilze trocknet man im ganzen, große Pilze schneidet man in Stücke. Zähe Pilzstrünke schneidet man quer in Stücke und trocknet sie separat, um sie später als Pilzpulver zu verarbeiten.

Wärmetrocknung

Das Lufttrocknen ohne eine eigene Wärmequelle kann so lange dauern, daß die Gefahr von Insekten- und Staubbefall besteht. Auch das Aroma kann verlorengehen. Deshalb ist es besser, sie künstlich zu trocknen.

Einweichen

Ich habe 15 verschiedene Pilzarten in Hinblick auf verschiedene Einweichtemperaturen untersucht. Ich machte Versuche mit kaltem, lauem, 60 °C warmem und kochendem

Wasser. Bei kochendem Wasser blieben die Pilze am härtesten, wahrscheinlich durch das Eiweiß. Geschmack und Konsistenz waren bei lauwarmem Wasser (Zimmertemperatur) immer am besten. Die nötige Einweichzeit beträgt eine halbe Stunde oder mehr, je nach Pilzsorte. In der Regel sollen Pilze mindestens 8 Stunden einweichen, am besten über Nacht.

Schneiden

Zu den Pilzen, die weich werden und unzerkleinert gut schmecken, gehören die meisten Täublinge, der Blutbrätling, Champignons und Steinpilze. Die Hüte von manchen Arten – z. B. von Steinpilzen, Nelkenschwindlingen und Trichter-Pfifferlingen – kann man gut im ganzen trocknen. Steinpilzhüte sollte man schälen, weil die Haut nach dem Aufweichen hart wird. Zähe Stiele und die Haut von Hüten trocknet man separat für Pilzpulver. Manche Pilze werden einfach hart. Sie eignen sich am besten für Pilzpulver, z. B. Herbsttrompeten.
Pilzpulver ist ein ausgezeichneter Geschmacksgeber für Suppen, Eintöpfe und Pasteten. Im Kapitel »Rezept-Ideen« finden Sie mehr darüber. Ein Rat für Anfänger: Mischen Sie nicht verschiedene Pilzarten, solange Sie noch nicht genau wissen, wie sie beim Einweichen und bei der Zubereitung reagieren.

Blanchieren

Für gewöhnlich werden Pilze ohne Blanchieren getrocknet. Meine Versuche haben aber gezeigt, daß Blanchieren in Salzwasser den Geschmack verbessern, aber die Pilze härter machen kann. Es ist schwer, generell etwas darüber zu sagen, da es so viele verschiedene Arten gibt. Deshalb gebe ich in der Tabelle Seite 68 ff. nur Richtwerte an.
Früher verwendete man Pilze für Kaffee. Nach dem Trocknen röstete man die Pilzstücke im Backrohr, mahlte sie und kochte dann daraus Kaffee.

Aufbewahrung

Die Lagerung ist sehr wichtig. Die getrockneten Pilze müssen trocken und in dicht schließenden Dosen aufbewahrt werden. Wenn Sie die Dosen öffnen, mit der Nase und den Fingerspitzen kontrollieren, werfen Sie sofort weg, was Ihnen auf irgendeine Weise nicht in Ordnung zu sein scheint.

Ich möchte auf Bücher für Pilzsucher hinweisen, ebenso auf einschlägige Kurse. In manchen Büchern gibt es gute Trokkenanleitungen für das Lufttrocknen. Bei 40 bis 50°C können Sie alle Pilze trocknen.

Gemüse, Küchenkräuter, Pilze

– = Blanchieren nach Wahl
Temperatur und Trocknungszeiten gelten bei idealer Luftzirkulation

	Blanchierzeit in Minuten	*Maximaltemperatur (°C)*	*Trockenzeit in Stunden*	*Laibchen/Mischungen*	*Bouillonpulver, Gewürzkräuter*	*Kräuterbutter, Topfen/Quark*	*Mus*	*Kleine Gerichte*	*Aufstriche/Beläge*	*Suppen/Eintöpfe*	*Saucen*	*Warme Gerichte*
Auberginen/Melanzani Scheiben, Stäbchen, Stückchen	–	50	4–6	×				×		×		×
Artischocken Stücke	2–5	50	5–6		×			×		×		×
Blumenkohl/Karfiol Röschen, Stücke, Strunk in Stücken	2–5	50	5–7					×		×		×
Brokkoli Blätter, Knospen ganz oder Stücke	1–2	40	4–5					×		×		×
Brokkoli geschälter Strunk, in Stücken	2–5	50	5–6		×					×		
Chicoréesalat geschnitten	–	40	3–4					×		×		
Chinakohl geschnitten	–	40	3–4					×		×		
Dill »Blättchen«	–	34	3–4		×	×			×		×	
Dillstengel ganz oder in Stücken	–	40	3–4		×							
Erbsen/Linsen/Bohnen getrocknet gekauft: normal kochen, dürfen nicht zerfallen, dann trocknen	–	50	4–6	×				×	×	×		×
Gewürzkräuterblätter ganz	–	30	4–5		×	×			×			
Gewürzkräuterstengel ganz oder in Stücken	–	35	4–5		×							
Grüne Bohnen/Fisolen ganz oder in Stücken	2–5	40	6–8					×		×		×

	Blanchierzeit in Minuten	Maximaltemperatur (°C)	Trockenzeit in Stunden	Laibchen/Mischungen	Bouillonpulver, Gewürzkräuter	Kräuterbutter, Topfen/Quark	Mus	Kleine Gerichte	Aufstriche/Beläge	Suppen/Eintöpfe	Saucen	Warme Gerichte
Gurken *geschält, Stäbchen, Stücke, Scheiben*	–	50	6–8					×		×	×	
Kartoffeln *Scheiben, Würfel, Stäbchen*	2–5	50	6–8	×			×	×		×	×	
Kohl/Wirsingblätter *ganz oder nudelig*	1–2	35	4–5		×	×		×		×		
Kohlrippen *Strunkstücke*	2–5	50	5–6		×					×		
Kohlrabi *Scheiben, Würfel, Stäbchen, grob geraspelt*	2–5	50	5–6	×				×		×		×
Kraut *geschnitten*	1–3	40	3–5					×			×	
Kürbis *geschält, Stäbchen, Würfel, grob geraspelt*	–	50	5–6	×				×		×		×
Lauch *geschnitten*	1–3	40	4–5	×	×	×				×	×	
Möhren (Karotten) *Scheiben, Würfel, grob geraspelt*	2–5	50	5–6	×	×			×		×		×
Paprika *0,5 cm breite Streifchen*	2–3	40	6–8	×	×					×		
Pastinakwurzeln *Scheiben, Stäbchen, grob geraspelt*	2–5	50	5–6	×	×			×		×		×
Pastinakblätter *ohne Rippen, ganz oder in Stücken*	–	35	3–4		×	×			×			
Petersilieblätter	–	35	2–3	×	×	×	×	×	×	×	×	×
Petersiliestengel *ganz oder in Stücke*	–	40	3–4		×							
Pilze *ganz, Scheiben, Stückchen*	1–3	40	4–6	×	×			×	×	×	×	×

	Blanchierzeit in Minuten	Maximaltemperatur (°C)	Trockenzeit in Stunden	Laibchen/Mischungen	Bouillonpulver, Gewürzkräuter	Kräuterbutter, Topfen/Quark	Mus	Kleine Gerichte	Aufstriche/Beläge	Suppen/Eintöpfe	Saucen	Warme Gerichte
Radieschen *Stücke, halbiert*	1–2	50	3–4		×			×		×		
Radieschenblätter *Stengel entfernen, ganz*	–	35	2–3		×	×						
Rettich *Scheiben, Stücke, Stäbchen, grob geraspelt*	2–5	50	5–6	×	×			×		×		
Rosenkohl (Kohlsprossen) *Scheiben, Würfel, Spalten*	1–3	40	4–6		×			×		×		×
Rote Bete/Rote Rüben *Scheiben, Stäbchen, Würfel*	2–5	50	5–6	×				×		×		×
Rote Bete/Rote Rüben *Blätter ohne Stengel, ganz oder Stücke*	–	35	4–5		×	×				×		
Rotkohl *nudelig oder in Stückchen*	1–3	40	3–5					×		×		
Rote Zwiebeln *in Ringe geschnitten*	–	40	4–6	×	×			×		×	×	
Salat *nudelig, grobe Rippen, in Stücke geschnitten*	–	35	2–3					×		×		
Saubohnen *ausgelöst*	2–5	50	4–6					×		×		×
Schnittlauch *ganz oder geschnitten*	–	35	3–4		×	×			×			
Schwarzwurzeln *in Stückchen*	2–5	50	7–9	×				×		×		×
Sellerie *Scheiben, Würfel, Stäbchen, grob geraspelt*	2–5	50	5–6	×	×			×		×		×
Sellerieblätter *grobe Rippen entfernen, ganz oder nudelig geschnitten*	–	35	3–4		×	×			×			

	Blanchierzeit in Minuten	Maximaltemperatur (°C)	Trockenzeit in Stunden	Laibchen/Mischungen	Bouillonpulver, Gewürzkräuter	Kräuterbutter, Topfen/Quark	Mus	Kleine Gerichte	Aufstriche/Beläge	Suppen/Eintöpfe	Saucen	Warme Gerichte
Spinat *ganz oder nudelig geschnitten, Stengel in Stücken*	–	35	2–3			×		×		×		
Steckrüben (Wruken) *Scheiben, Würfel, Stäbchen, grob geraspelt*	2–5	50	5–7	×	×	×	×	×		×		×
Tomaten *Spalten, Hälften, Scheiben (quer)*	–	50	8-10		×			×		×	×	
Wilde Kräuterpflanzen *Blüten und/oder Blätter ohne Stengel*	–	35	3–5	×	×	×	×	×	×	×	×	×
Zucchini *Würfel oder Stäbchen*	–	50	5–6	×				×		×		×
Zuckererbsen *geschnitten oder ganz*	1–3	40	3–5					×		×		
Zwiebeln *quer in Scheiben geschnitten*	–	40	4–6	×	×					×	×	
Zwiebelgrünes *geschnitten*	–	35	4–5	×	×	×						

Das Trocknen von Beeren und Früchten

Auch heute kann niemand die Vorteile von getrockneten Beeren und Früchten besser schildern als Johan Fischerström im »Neuen Schwedischen Lexikon« (1779–1792 erschienen): »Wäre es nicht nützlich, wenn wir zu allen Jahreszeiten einen Vorrat gut schmeckender Beeren hätten? Wie rechtschaffen, bei sich zu Hause so nützliche Produkte herstellen zu können, die einen Müden erquicken, einen Kranken erfrischen und einen hungrigen Magen stärken können!«
Beim Trocknen von Früchten und Beeren sollte man großen Wert darauf legen, daß sie so weit wie möglich ihre Farbe, den Geschmack und ihre Form behalten. Im großen und ganzen gilt das für jede Art von Lebensmitteln. Früchte und Beeren, die viel Zucker enthalten, soll man nie trocknen, bis sie hart werden, weil Zucker ja sowieso konservierende Eigenschaften hat. Früchte und Beeren sollen nur so weit trocken sein, daß man keinen Saft mehr herausdrücken kann. Die Konsistenz soll zäh und lederartig sein. Das gilt auch für süße Äpfel, Birnen, Zwetschgen usw., aber nicht für Heidelbeeren, deren Zuckergehalt niedriger ist.
»Wenn man die Frucht zu hart trocknet, handelt man nicht gut. Sie verliert an Gewicht und an Qualität, muß dann lange gekocht werden und wird trotzdem nicht so mild und schmackhaft wie mäßig getrocknete Produkte. Man glaubt, daß sich die hart getrockneten Früchte länger halten, aber mit einiger Erfahrung weiß man, daß das nicht stimmt.«
(Leuchs, 1835 – und noch immer aktuell!)

Dem Anfänger ist zu empfehlen, lieber ein bißchen zu hart als zu weich zu trocknen. Durch Ausprobieren in der Praxis bekommt man mehr Erfahrung. Es ist letztlich besser, ein bißchen zu hart zu trocknen, als zu riskieren, daß alles verdirbt.

E. A. Granberg schreibt in seinem Buch »Verwertung von Obst«: »Durch Trocknen wird die Säure neutralisiert und der Zuckergehalt erhöht. Deshalb braucht getrocknetes Obst in der täglichen Küche weniger Zuckerzusatz als frisches Obst.«

Ich möchte auch betonen, daß man zu getrockneten Früchten selten Zucker oder Honig mischen muß.

Trocknen Sie nur Früchte und Beeren bester Qualität. Sie sollen reif, aber nicht überreif sein. Das Fruchtfleisch soll fest sein. Trocknet man unreife Früchte, die auch noch hart sind, so sind sie auch nach dem Aufweichen hart und müssen länger eingeweicht werden. Andererseits muß man beachten, daß während der Trocken- und Lagerungszeit eine gewisse »Nachreife« stattfindet.

Ist das Fruchtfleisch überreif und weich, braucht es länger zum Trocknen und schmeckt dann weniger gut. Alle faulen und schlechten Teile sind natürlich herauszuschneiden.

Früchte und Beeren werden, wenn nötig, gewaschen, müssen aber gut abtropfen, bevor man sie schneidet und trocknet.

Früher hat man Früchte und Beeren an einem warmen Platz luftgetrocknet, bevor man sie wärmegetrocknet hat, weil man glaubte, damit die Qualität zu verbessern und die Dauer der Wärmetrocknung zu verkürzen.

Früchte und Beeren, die bei feuchtem Wetter geerntet werden, trocknen langsamer. Das gilt auch dann, wenn es während der Trocknungszeit regnet oder feucht ist.

Kernobst (*Äpfel, Birnen*)

Kernobst enthält oft viel Flüssigkeit. Die Schnittfläche dunkelt beim Teilen schnell nach und trocknet leicht ein. Der Saft rinnt leicht aus. Deshalb soll man diese Fruchtstücke von Anfang an mit hoher Temperatur (50 °C) trocknen.

Steinobst (*Zwetschgen*)

Kern und Haut verlangsamen beim Trocknen die Verdunstung. Deshalb müssen die Früchte halbiert und in Stücke geschnitten werden. Die Kerne werden entfernt. Man kann die Früchte auch schälen, indem man sie in heißes Wasser legt, bis die Haut springt. Danach trocknet man gleich von Anfang an auf höchster Stufe (50 °C).

Saftige Beeren mit harter Schale (*Heidelbeeren oder Weintrauben*)

Sie werden im ganzen und am Beginn bei niedriger Temperatur getrocknet.
Wenn man Lust hat, kann man sie auch ein paar Tage vorher zum Trocknen ausbreiten. Wenn die Temperatur am Anfang zu hoch ist, werden die Beeren zu heiß und die Feuchtigkeit bleibt in den Beeren. Das »Beerenfleisch« kocht im eigenen Saft und trocknet äußerst langsam. Es besteht die Gefahr, daß alles schlecht wird. Wenn man diese Beeren plötzlich starker Hitze aussetzt, können sie zerplatzen und ausrinnen.
Wie für Gemüse gilt auch hier: alles, was Schnittflächen hat, trocknet schneller. Früchte mit viel süßem Saft haften sehr leicht an den Trockengittern. Deshalb muß man sie mit den Schnittflächen nach oben hinlegen. Verwenden Sie Rahmen mit Metallgittern und streichen Sie ein wenig Öl darüber. Sie können auch geöltes Backpapier (nicht Packpapier!) auf die Trockengitter legen. Bedecken Sie aber nicht die ganze Fläche und ziehen Sie dann das Papier auf dem Gitter hin und her. Mehr darüber im Rezeptteil auf Seite 141 ff. unter »Gesunde Naschereien«.
Lassen Sie Früchte und Beeren nach dem Wärmetrocknen

noch mindestens einen Tag an der Luft weitertrocknen (wenn es nicht regnet). Dazu kann man sie in dicht geflochtene Körbe oder auf Siebe geben, die man an einem luftigen Platz aufhängt.
Über den Wahrheitsgehalt des nachfolgenden Satzes bin ich mir nicht ganz sicher, aber seine Hypothese ist es wert, in der Praxis ausprobiert zu werden: »Wenn man Früchte und Beeren ein paar Tage nachtrocknet, verbessert sich die Haltbarkeit, und sogar Schädlinge greifen weniger leicht an.« Das schrieb Johan Carl Leuchs, der sich mit allen wissenschaftlichen Möglichkeiten, die man um das Jahr 1800 hatte, mit dem Trocknen von Lebensmitteln auseinandersetzte.
Früher zuckerte man ab und zu getrocknete Beeren und Früchte, um sie besser haltbar zu machen. Man gab auch Kräuter dazu, z.B. Bohnenkraut, Lorbeerblätter usw. Beim Sonnentrocknen zuckert man auch jetzt noch oft, oder man taucht die Früchte in schwach gesalzenes Wasser.
Die Trocknungszeiten in der Tabelle auf Seite 89f. wurden ohne vorhergehende Lufttrocknung berechnet. Sie können verkürzt werden, wenn man vorher lufttrocknet.

*

Essen Sie nie viel getrocknetes Obst, das nicht eingeweicht wurde. Auch nicht getrocknete Naschereien!
Das getrocknete Obst saugt Flüssigkeit an, quillt auf und kann durch das größere Volumen Magen- und Darmbeschwerden verursachen.

Ananas

In vier Längshälften teilen. Dann quer in Scheiben bis zur Schale einschneiden. Wenn die Schale dick ist, schneiden Sie sie auch von der anderen Seite her ein, aber nicht durch.

Legen Sie die vier Stücke mit der Schale nach unten auf die Trockengitter, die eventuell mit Backpapier belegt sind. Wenn diese Hälften leicht angetrocknet sind, lösen Sie die Scheiben von den Schalen und trocknen sie weiter.

Äpfel

Die Äpfel sollen fest und nicht zu reif sein. Sie können auch ein bißchen sauer sein, denn sie werden während der Lagerung etwas süßer.
Äpfel trocknet man schon seit vielen Jahrhunderten und wendet dabei die verschiedensten Methoden an. In einem Teil der Bücher las ich, daß die Äpfel oft gekocht wurden, bis sie so weich waren, daß man einen Strohhalm durchstechen konnte. Dann wurden sie getrocknet. Manchmal wurden die Äpfel in Salzwasser gelegt, damit sie nicht braun wurden.
Bei Sonnentrocknung taucht man die Apfelstücke in kaltes Salzwasser (4 Eßlöffel Salz auf 4 Liter Wasser), um die Braunfärbung zu vermeiden. Manchmal werden die Äpfel auch in eine Zitronensäurelösung eingetaucht. Je länger die Trocknungszeit, desto größer das Risiko der Braunfärbung. Wichtig ist, alles so schnell wie möglich auf vorgewärmte Trockengitter zu bringen.
Die Braunfärbung ist je nach Apfelsorte, Reifegrad und Festigkeit verschieden. Man gewöhnt sich rasch an das Nachdunkeln der Äpfel beim Trocknen. Ich habe Versuche gemacht, wie man die Braunfärbung verhindern kann. Dabei habe ich Apfelstücke vor dem Trocknen in zwei verschiedene Lösungen getaucht:

a) in eine Lösung aus 2 Prisen Zitronensäure auf 1 dl Wasser,
b) in eine Lösung aus 1 Prise Zitronensäure auf 1 dl Wasser.

Das Ergebnis war anders als erwartet: Teils waren die Apfelstücke dunkler als die unbehandelten, teils wurde der Geschmack verschlechtert.
Ich habe auch Versuche mit den verschiedensten Zerkleinerungsformen gemacht:
mit Scheiben, Stäbchen, Würfeln und Spalten. Ergebnis: Je kleiner und dünner die Stücke, desto größer die Oxydation und dunkler die Farbe. Je mehr eine Schnittfläche aufgerauht wird, z. B. mit einem stumpfen Messer, um so dunkler wird sie. Nehmen Sie daher immer dünne, scharfe Messer!
Die Apfelsorten sind verschieden fest und reagieren beim Trocknen unterschiedlich. Sommeräpfel eignen sich weniger zum Trocknen. Wenn die Äpfel vor dem Trocknen hart sind, werden sie nachher, beim Einweichen, auch nicht weich. Eine lange Lagerzeit erleichtert das Einweichen.
Wie beim Trocknen von Birnen braucht man nur Stiel und Blütenansatz zu entfernen. Wenn die Äpfel ungespritzt sind, müssen sie nicht geschält werden. Das Kerngehäuse müssen Sie nicht unbedingt entfernen. Bedenken Sie: In einem Kern liegt der Ursprung eines Baumes, und das sagt viel über den Nährwert des Kerngehäuses aus. Wer aber doch Kerngehäuse und Schalen entfernt, sollte beides separat trocknen.
Apfelschalentee schmeckt gut. Nach dem Einweichen kann man mit dem Mixer aus Schalen und Gehäuse einen Saft machen, den man mit Honig süßt.

Apfelringe

Äpfel kann man nach der alten Methode lufttrocknen: In Scheiben schneiden, auf Schnüre oder lange Stäbe fädeln und an einem luftigen Platz, eventuell über einer Wärmequelle, trocknen.
Zuerst das Kerngehäuse entfernen und dann schneiden. Ein

»Kernhausentferner« kann da wirklich gute Dienste leisten. Eventuell die Äpfel schälen. Trockenzeit: mindestens 24 Stunden. Die Apfelstücke sind richtig trocken, wenn sie zäh und lederartig sind. Man soll sie biegen können, ohne daß sie brechen. Auch Saft soll sich keiner mehr herauspressen lassen.
Vor einigen Jahrzehnten gab es überall noch kleine handbetriebene Apfelschälmaschinen. Ein Teil war auch für Birnen geeignet. Spezielle »Scheibenschneidmaschinen« für Äpfel und Birnen wurden angefertigt.

Bananen

Bananen sind zum Trocknen am besten geeignet, wenn sie die kleinen braunen Punkte auf der Schale bekommen. Sie sollen aber nicht überreif sein. Bananen trocknen langsam, aber sie werden viel besser als gekaufte Bananenchips, die süßer und klebriger sind. Die Schale muß zuerst entfernt werden, dann kann man vier Methoden wählen:

1. Die Bananen im ganzen trocknen. Das kann 12 bis 18 Stunden dauern.
2. Der Länge nach halbieren.
3. Der Länge nach in 2 bis 4 Teile und dann in ca. 5 cm lange Stücke schneiden. Mit der Schnittfläche nach oben trocknen, damit sie nicht festkleben.
4. In 3 bis 5 mm dicke Scheiben schneiden.

Die zwei letzteren Methoden sind die besten – bezogen auf Zeitaufwand und Qualität.
Hart getrocknete, dünne Bananenscheiben sind gut als »Chips«.

Birnen

Über das Trocknen von Birnen gibt es viel Literatur, obwohl Literatur über das Trocknen im allgemeinen eher knapp ist. Überall wird geschrieben, daß Birnen vor dem Schälen und Trocknen zu blanchieren sind. Das machen wir heute schon lange nicht mehr. Wir wissen, daß dadurch zu viele Vitamine verlorengehen.

Ich zitiere aus Margaretha Nylanders »Handbuch der neuen feinen Kochkünste«, 1846: »Große süße Birnen blanchieren, schälen und der Länge nach durchschneiden. Auf Trockengitter legen und bei schwacher Hitze ins Backrohr schieben. Dann werden die Schalen zu Brei gekocht, wobei Sirup entsteht. Wenn die Birnen schon durch und durch warm sind, nimmt man sie aus dem Ofen, tunkt sie in den Sirup und gibt sie so schnell wie möglich wieder in den Backofen zurück. Das kann man wiederholen, bis kein Sirup mehr übrig ist. Anschließend die Birnen im Backofen fertigtrocknen.«

Heutzutage trocknen wir Birnen bei weitem schonender. Die Birnen sollten reif, aber fest sein. Bei guter Qualität werden sie nicht geschält. Auch das Kerngehäuse entfernt man nicht. Stiele und Blütenansatz entfernen, dann in Hälften, Stücke, Stäbe, Scheiben oder Spalten schneiden. Birnen dunkeln leicht nach, wenn die Scheiben dünn sind. Mit der Schale nach unten trocknen. Kleine Birnen werden nur gewaschen. Man kann sie im ganzen trocknen. Größere, süße Birnen werden halbiert, vom Kerngehäuse befreit (oder auch nicht), kurz in leicht gesalzenes Wasser gelegt und dann mit der Schnittfläche nach oben auf die Trockengitter gelegt.

Eberesche (Vogelbeere)

Es gibt mehrere Sorten. Vogelbeeren schmecken eher sauer. Man kann sie nach dem ersten Frost pflücken. Sie schmecken dann etwas süßer. Zum Trocknen muß man aber die Frostnächte nicht abwarten. Während des Trocknens und Lagerns reifen die Beeren nach, und der Geschmack wird auch so süßer und »runder«. Bei guter Lagerung halten sie 2 bis 3 Jahre.
Früher wurden sie luftgetrocknet. Rebeln oder zupfen Sie die Beeren mit Hilfe einer Gabel von den Dolden.

Erdbeeren

Walderdbeeren und Gartenerdbeeren

In Stücke schneiden oder halbieren. Die kleinen leicht einschneiden. Eine Schnittfläche ist wichtig, dann trocknen sie schneller. Mit den Schnittflächen nach oben hinlegen, damit der Saft nicht ausrinnt. Manche meinen, man soll sie vor dem Trocknen zuckern oder, wegen des Aromas, ein bißchen Honig darüberträufeln. Da muß man sie aber besonders sorgfältig wenden, sonst kleben sie aneinander.

Hagebutten

Ganze Hagebutten

Waschen und trocknen. Sie können sie weichkochen und dann passieren. Besser ist es, sie zu pulverisieren. Dazu brauchen Sie eine elektrische Kaffeemühle, die sehr fein pulverisieren kann, damit auch die feinen Härchen in den Hagebutten zermahlen werden. Nach dem Pulverisieren durchsieben. Aus den Kernen, die übriggeblieben sind, können Sie Tee bereiten. Das pulverisierte Fruchtfleisch kann man für Tee, Suppen und – wenn man Zucker, Honig und heißes Wasser dazugibt – für Marmelade verwenden. Da die Hagebutten ja nicht gekocht werden, bleiben die Vitamine erhalten.

Halbierte Hagebutten

Die alte Methode, Hagebutten zum Trocknen vorzubereiten: Hagebutten halbieren, aber Kerne und Haare nicht entfernen. Gut antrocknen lassen und dann in einen großen Sack füllen. Zwei Personen nehmen nun den Sack, jeder an einem Sackende, und schütteln ihn kräftig. Durch dieses Schütteln fallen die meisten Kerne und Haare heraus. Man braucht nur mehr ein wenig nachreinigen. Dann fertigtrocknen.
Heutzutage machen wir es so: Hagebutten halbieren, Kerne und Haare mit einem kleinen Löffelchen herauskratzen. Trocknen.

Heidelbeeren (Blaubeeren)

In »Unsere Heilkräuter« von Gustaf Lind und Nils de Verdier, das um 1900 erschien, kann man lesen, daß es damals eigene Beerentrocknereien gab. Könnte man so etwas nicht reaktivieren? Vielleicht nicht nur, um Heidelbeeren zu trocknen ...
In »Eßbare wilde Pflanzen« von Erik Lundström heißt es: »Keine unserer wilden Beerensorten eignet sich so gut fürs Heimtrocknen wie die Heidelbeere.« Wer schon im Vorfrühling ein frisch schmeckendes Heidelbeerkompott aus getrockneten Heidelbeeren gegessen hat, hält es vielleicht mit

Alf Pröjsens: »Gegen saure alte Männer gibt es nur ein Hilfsmittel: Omeletten mit Heidelbeermarmelade.«
Die Heidelbeeren pflückt man reif, aber nicht zu saftig. Getrocknet werden sie bei maximal 50 °C. Aber zu Beginn soll die Temperatur niedriger sein. Das Auslesen ist nach dem Trocknen einfacher.
Übrigens sind die Blätter eßbar und dürften im Kompott nicht stören. Zumindest wenn es nur dort und da ein Blättchen ist.
Früher ließ man die Heidelbeeren vor dem Wärmetrocknen 1 bis 3 Tage an der Luft trocknen.

Himbeeren

In einem Teil der alten Bücher, zu denen ich Zugang hatte, war zu lesen, daß man Himbeeren nicht trocknen kann. In einem anderen Teil las ich so viel über das Himbeertrocknen, daß anzunehmen ist, daß es weitverbreitet war.
Himbeeren trocknet man im ganzen. Man kann die Trocknungszeit um mehrere Stunden verkürzen, wenn man die Beeren leicht aufschlitzt. Hier ein Rezept für Himbeeren und Stachelbeeren von Pastor Eisen: »Beide in Wasser und Wein kochen, mit Zimt, Zucker und Paniermehl anrichten. Aus beiden kann man gut Früchtekuchen machen.« Gut, oder nur originell?

Holunder

Verwechseln Sie nicht den echten schwarzbeerigen Holunder (Sambucus nigra) mit dem rotbeerigen, giftigen Holunder.
Rebeln Sie die schwarzen Beeren mit Hilfe einer Gabel von den Dolden. Dann wie Heidelbeeren weiterbehandeln.

Johannisbeeren (Ribisel)

Die roten und schwarzen Beeren sollen wie so viele andere Beeren und Früchte möglichst bei trockenem, schönem Wetter gepflückt werden. Das verkürzt die Trocknungszeit und verbessert die Qualität.
Abrebeln und bei niedriger Temperatur mit dem Trocknen beginnen. Nach und nach die Temperatur steigern.

Kirschen

Cajsa Warg schreibt zur Kirschen-Trocknung: »Die Stengel halb abschneiden und dann die Kirschen so dicht auf die Trockengitter legen, daß sich die Früchte nicht gegenseitig berühren. Dann in einen Backofen schieben und sehr langsam, bei schwacher Wärme, ca. 2 bis 3 Tage trocknen.«
Bei meinen Versuchen dauerte es 2 bis 3 Wochen, bis sie trocken waren. Und die Qualität war schlecht. Die Kirschen waren auch während des Trocknens ausgezeichnete Staubfänger.
Man hat Kirschen auch so getrocknet, daß man sie einfach am Baum hängen ließ. Aber nirgends wird das Problem mit den Vögeln erwähnt.
Am häufigsten trocknete man die Kirschen wohl in der Sonne und an der Luft, bis sie runzelig wurden, um sie dann auf Trockensiebe zu legen und bei künstlicher Wärme weiter zu trocknen.
Am schnellsten trocknen sie, wenn man sie halbiert und die Kerne entfernt. Trocknungszeit: 6 bis 8 Stunden. Die Kerne kann man mit einem kleinen Messer, einer Haarnadel oder einer Sicherheitsnadel entfernen. Am besten sind aber Kernentferner, die es zu kaufen gibt.

Ganze Kirschen – mit oder ohne Kern – brauchen 18 bis 24 Stunden zum Trocknen. Bei niedriger Temperatur beginnen und diese dann nach und nach steigern.

Mehlbeeren

Mehlbeeren sind heute nicht mehr sehr gefragt. Aber früher waren diese Beeren Nahrung für Mensch und Tier.
Johan Fischerström (1735 bis 1796) sagte folgendes über getrocknete Mehlbeeren: »Ein guter Vorrat, im Bade oder im Dörrhaus getrocknet, dient der Branntwein- und Broterzeugung. Man kann die Mehlbeeren auch unter andere Mahlzeiten mischen, vor allem in ärmeren Haushalten. Auch Gänse und Hühner schätzen Mehlbeeren als Futter.«

Melonen

Ich habe Honig- und Wassermelonen mit gutem Ergebnis getrocknet, auch wenn die Trocknungszeit lang ist. Die Melonen sollen reif, aber nicht zu saftig sein. Nehmen Sie ein dünnes, scharfes Messer und schneiden Sie die Melone der Länge nach in Spalten. Bei Honigmelonen auch das lose Fruchtfleisch mit den Kernen entfernen. Schälen, in Stücke schneiden, auf die vorgewärmten Trockengitter, die leicht mit Öl bestrichen sind, oder auf geöltes Backpapier legen. Eine bessere »Nascherei« als getrocknete Melonenstücke kann ich mir nicht vorstellen.

Pfirsiche

Früher schälte man die Pfirsiche, aber dabei rinnt der Saft aus und erschwert den Trocknungsprozeß. Darum empfehle ich, Pfirsiche nicht zu schälen.
Pfirsiche waschen und mit einem groben Tuch abtrocknen. Dann in Stücke oder Scheiben schneiden. Gut gelingt das Trocknen, wenn man den Pfirsich in Spalten bis auf den Kern einschneidet und diesen entfernt. Dann mit der Schale nach unten zum Trocknen auslegen.

Preiselbeeren

Es gibt nicht viel Literatur über das Trocknen von Preiselbeeren. Wahrscheinlich deshalb, weil Preiselbeeren relativ leicht aufzubewahren sind. Ich wage trotzdem zu behaupten, daß der, der im Winter schon einmal Preiselbeersaft von getrockneten Preiselbeeren getrunken hat, jeden Herbst wieder welche trocknen wird.
Preiselbeeren werden wie Heidelbeeren verarbeitet.

Rhabarber

Waschen, die Haut abziehen, in Stücke schneiden (ca. 5 bis 15 mm). Um die Trocknungszeit zu verkürzen, kann man dickere Rhabarberstangen auch der Länge nach zwei- bis dreimal durchschneiden. Dann in 3 cm lange Stücke schneiden.

Stachelbeeren

In der Literatur gibt es verschiedenste Anleitungen für das Trocknen von Stachelbeeren. Manchmal werden sie bei hoher Temperatur getrocknet, manchmal bei niedriger. In einigen Büchern ist zu lesen, daß man sie überhaupt nicht trocknen kann. Als Kuriosum möchte ich hier etwas über Pfarrer Eisens negative Einstellung zu Stachelbeeren zum besten geben: »Man nehme unreife Stachelbeeren. Die reifen kann man nicht lagern, weil Schale und Kerne zu hart sind. Man kocht sie, bis sie platzen. Das geht rasch.
Dann zerdrückt man sie zu Brei, bestreut sie mit Mehl und trocknet die Masse im Backrohr. Zuletzt zerstößt man alles zu Mehl. Man kann sie im ganzen auf Sieben trocknen, die man gleich nach dem Brotbacken in den Backofen schiebt.«
E. A. Granberg erklärt:
»Man soll die Stachelbeeren einige Tage der Sonne und der Luft aussetzen. Wenn sie schrumpelig sind, legt man sie auf die Trockenroste.«
Am besten ist es, die Stachelbeeren zu halbieren. Da trocknen sie in 5 Stunden. Man kann sie auch schälen, wenn man sie vorher in heißes Wasser legt. Dann dauert das Trocknen etwas länger. Im ganzen, ohne Schälen, dauert die Trocknung mindestens 12 Stunden.

Quitten

In Scheiben oder Stücke schneiden und trocknen.

Trauben

Kleine Trauben werden im ganzen getrocknet. Das dauert aber lange: 18 bis 20 Stunden. Große Trauben werden halbiert. Trocknungszeit: 14 bis 16 Stunden. Man kann große Trauben auch im ganzen trocknen, nur braucht das sehr viel Zeit, wodurch die Qualität leidet.
Man kann Trauben auch in heißes Wasser legen, bis sie schrumpfen. Zuerst lufttrocknen und dann wärmetrocknen.

Wacholderbeeren

Wacholder braucht drei Jahre, um Wacholderbeeren, die ja eigentlich »Zapfen« sind, wachsen zu lassen. Dann erst sind sie blauschwarz und ausgereift. Man pflückt sie im Spätherbst, bei trockenem Wetter. Wenn es viele Beeren gibt, können Sie ein großes Tuch unter den Büschen ausbreiten und die Beeren herunterschütteln. Das Trocknen soll bei niedriger Temperatur erfolgen, damit kein Saft ausrinnt und die Beeren nicht festkleben.
Vor dem Trocknen soll man sie verlesen und auch während des Trocknens immer wieder die schlechten ausklauben. Dabei entfernt man alle Beeren mit rotbrauner Farbe. Das Verlesen macht man am besten auf einer leicht schräg stehenden Platte.

Zwetschgen

Sie sollen nicht zu weich sein, speziell wenn man sie schälen will. Zwetschgen kann man auf verschiedene Weise trocknen.

Kleine Zwetschgen

Sie können im ganzen getrocknet werden, mit Kern. Dabei schneidet man die Haut zweimal ein. Besser ist es aber, die Kerne zu entfernen, indem man sie einfach hinausdrückt. Wenn das schwer geht, kann man die Zwetschgen vorher auf den Trockengittern bei ca. 50 °C erwärmen.
Schälen: Schütten Sie die Zwetschgen in eine Salatschleuder oder einen Kocheinsatz und halten Sie sie ins kochende Wasser, bis die Haut springt (was schnell geschieht). Danach lassen sie sich leicht schälen. Durch das Schälen werden auch eventuell vorhandene Insekten und deren Eier getötet. Kleine ganze Zwetschgen benötigen mindestens 24 Stunden zum Trocknen. Sie sollen aber nicht hart werden!

Große Zwetschgen

Schälen und Kern entfernen, wie bei den kleinen Zwetschgen. Große Zwetschgen sollen mindestens in zwei Teile geteilt werden. Mit der Schale nach unten auf die Trockengitter legen.

Beeren und Obst

Temperatur und Trocknungszeiten gelten bei idealer Luftzirkulation

	Maximaltemperatur (°C)	*Trockenzeit in Stunden*	*Obstkuchen*	*Säfte/Juice*	*Füllungen f. Kuchen u. Laibchen*	*Kräuter*	*Cremes/Suppen*	*Marmeladen/Mus/Kompott*	*Müsli/kleine Stücke*	*Naschereien*	*Saucen für Nachspeisen*	*Tee*
Ananas *Scheiben*	50	7–9	×	×	×		×	×	×	×	×	
Äpfel *Spalten, Stäbchen, Scheiben, Ringe*	50	5–7	×	×	×		×	×	×	×	×	
Bananen *Scheiben, Stücke*	50	7–9	×	×	×			×	×	×	×	
Birnen *Spalten, Stäbchen, Stückchen*	50	4–6	×	×	×		×	×	×	×	×	
Eberesche (Vogelbeere) *ganz*	40	6–8	×	×		×		×				×
Erdbeeren *Stückchen*	50	7–9	×	×	×		×	×			×	
Hagebutten *ganz oder entkernte Hälften*	40	5–7	×	×	×		×	×			×	×
Heidelbeeren *ganz*	40–50	11–13		×	×		×	×				
Himbeeren *ganz oder eingeschnitten*	50	5–9	×	×	×		×	×			×	
Holunder *ganz*	40	5–7	×	×	×		×	×			×	
Johannisbeeren rot *ganz*			×	×	×		×	×			×	

Beeren und Obst

Temperatur und Trocknungszeiten gelten bei idealer Luftzirkulation

	Maximaltemperatur (°C)	Trockenzeit in Stunden	Obstkuchen	Säfte/Juice	Füllungen f. Kuchen u. Laibchen	Kräuter	Cremes/Suppen	Marmeladen/Mus/Kompott	Müsli/kleine Stücke	Naschereien	Saucen für Nachspeisen	Tee
Johannisbeeren schwarz ganz	40–50	11–13	×	×	×		×	×			×	
Kirschen ganz oder halbiert, entkernt	40–50	6–8	×	×	×		×	×	×	×	×	
Mehlbeeren ganz	40	5–7	×					×				
Melonen Stückchen, Stäbchen	50	7–9	×	×	×		×	×	×	×	×	
Pfirsiche Spalten, Stückchen	50	7–9	×	×	×		×	×	×		×	
Preiselbeeren ganz	40–50	12–14	×	×				×				
Rhabarber Scheiben, Stäbchen	40	5–7	×	×	×		×	×				
Stachelbeeren halbiert oder geschält	50	5–8	×	×	×		×	×			×	
Quitten Spalten, Stückchen	50	5–6	×	×				×				
Trauben klein: ganz, groß: ganz oder halbiert	40–50	14–20	×	×	×				×			
Wacholder ganz	40	5–8		×		×						×
Zwetschgen Spalten, Stücke halbiert	50	9–2	×	×	×		×	×	×	×	×	

Wilde Pflanzen und Kräuter

Wilde Pflanzen und Kräuter nehmen wir nicht nur für Tee. Sie sind auch in der Küche eine Bereicherung. Einiges ist schon beim Pflücken zu bedenken: Die Natur steht in einem empfindlichen Gleichgewicht, und wir müssen sorgsam mit ihr umgehen. Wir haben darauf zu achten, welche Pflanzen und welche Gebiete unter Naturschutz stehen. Pflanzen werden leichter ausgerottet, als man denkt. Jedesmal, wenn man eine Wurzel ausgräbt, rottet man eine Pflanze aus. Deshalb werden in diesem Buch nur Löwenzahnwurzeln empfohlen.

Man kann auch auf andere Weise Pflanzen ausrotten oder ihren Bestand gefährden. Ein Teil der Pflanzen braucht eine lange Erholungszeit, z. B. kleine Gewächse, die auf trockenen Hügeln und Hängen wachsen. Diese müssen wir stehenlassen, auch wenn sie noch so gut schmecken. Moose, Flechten und Bärlapp brauchen lange zum Regenerieren. Bärlapp, der früher im Wald häufig zu sehen war, wird jetzt immer seltener. Wenn man auf einem Platz alle Blumen pflückt, kann man sie dort ausrotten. Nehmen Sie nicht alle Pflanzen, die nebeneinander stehen, sondern pflücken Sie eine dort, eine da.

Wenn man Raubbau betreibt, wächst im nächsten Jahr kaum mehr etwas. Streifen Sie nicht alle Blätter von den Zweigen. Sie könnten absterben. Nehmen Sie Blätter von verschiedenen Stellen.

Sammeln Sie nur Pflanzen, die Sie kennen. Lernen Sie, welche Gewächse giftig und welche ungenießbar sind. Viele wilde Gewächse und Heilkräuter sind Arzneien und müssen richtig

dosiert angewendet werden. Zum Kochen soll man sie eher zurückhaltend verwenden.
Sammeln Sie Gewächse nur von ungespritzten Fluren und nie am Straßenrand.
Viele fragen, woher man weiß, ob Pestizide gespritzt wurden. Das ist einfach. Schauen Sie sich das Pflanzen- und Tierleben rundherum an. Wenn es viele Tiere gibt, kleine (wie Schmetterlinge oder Hummeln) und große (Fasane, Rehe usw.), kann man davon ausgehen, daß eher nicht gespritzt wurde. Viele dieser Tiere würden sonst nicht überleben. Absterbende gelbe Äste sind oft ein Zeichen dafür, daß gespritzt wurde.
Bücher werden Sie brauchen! Über giftige Pflanzen, über eßbare Pflanzen, über Heilkräuter, auch Broschüren und kleine Schriften über geschützte Pflanzen und geschützte Landschaften. Besuchen Sie Bibliotheken und Buchhandlungen. Lesen Sie viel, und sammeln Sie mit Rücksicht auf die Umwelt.
Im folgenden habe ich einige wichtige Zitate zusammengestellt: In »Unsere Heilkräuter« schreiben Gustav Lind und Niels de Verdier: »Wie aus einer Erhebung der Pharmazeutischen Vereinigung in den Jahren 1908 bis 1910 hervorgeht, werden von Schweden jährlich für mehr als hunderttausend Kronen (mehrere Millionen in der heutigen Währung) Heilkräuter importiert, die bestens im eigenen Land gesammelt und angebaut werden könnten. Dabei ist nicht nur bedenklich, daß unnötigerweise Geld ins Ausland transferiert wird. Wir verlieren dadurch auch Arbeitsplätze und damit die Existenzgrundlage für viele Menschen ...«
Im gleichen Buch kann man auch lesen, daß die Schwedische Heilkräutervereinigung in den verschiedensten Gegenden des Landes Abkommen über Heilkräuteranbau getroffen hat. Auch über eigene Trockeneinrichtungen für Heilkräuter wird berichtet. Im Vorwort zur zweiten Auflage von »Eßbare wilde Pflanzen« werden die großen Trockenanlagen hervorgehoben. Ich zitiere:

»Trockenanlagen für Brennessel, Gänsefuß, Quecke, Pilze sowie für alle unsere eßbaren Beeren und Früchte – nicht zu vergessen Eberesche, Eicheln und Mehlbeeren – sind Beweise für beträchtlichen Weitblick. Sie bringen uns einem lang ersehnten Ziel näher: Schweden als Selbstversorger.«
Das schrieb im Juni 1918 Erik Lundström, Assistent der Schwedischen Heilkräutervereinigung.
Die meisten wilden Pflanzen enthalten viele Vitamine, Minerale und Spurenelemente. Darum braucht man für Salate im Sommer oder Suppen im Winter nie viel davon. In getrocknetem Zustand ist alles viel konzentrierter als im frischen Zustand. Der Geschmack von getrockneten Pflanzen kann 3- bis 4mal intensiver sein als der von frischen. Denken Sie daran, wenn Sie sie ins Essen mischen oder daraus Tee kochen.

Ernte

Sammeln Sie die Pflanzen ein paar Tage nach dem Regen. Da sind sie frei von Staub und Insekten. Ernten Sie bei trockenem, warmem Wetter am Morgen oder zeitig am Vormittag. Der Tau soll aber schon von der Sonne weggetrocknet sein. Nehmen Sie nur ganz frische Pflanzen und niemals mit Pestiziden bespritzte oder solche vom Straßenrand.

Wurzeln

sollen nur im Frühling oder Herbst ausgegraben werden, wenn noch keine Blätter oder Blüten entwickelt sind. März und Oktober sind die besten Monate. Wurzeln reinigt man unter fließendem Wasser und läßt sie nie im Wasser liegen. Danach werden sie quer zur Faser in Stücke geschnitten und auf Trockengittern oder Rosten ausgebreitet. Man kann sie aber auch auffädeln und lufttrocknen. Wärmetrocknen bei maximal 50 °C geht schneller. Geschmack und Farbe bleiben besser erhalten.

Blätter

sollen vor der Blüte und bevor sie die volle Größe erreicht haben, gepflückt werden. Birkenblätter z. B. sind am besten, wenn sie die halbe Größe erreicht haben. Wenn sie voll ausgewachsen sind, werden sie bitter.
Entfernen Sie alle schlechten Blätter sowie solche mit »Rostflecken«. Die Blätter soll man möglichst lufttrocknen. Die Stiele werden entfernt, denn sie verlängern die Trocknungszeit.

Blüten

pflückt man, wenn sie frisch aufgeblüht sind. Die Stengel werden entfernt. Alles, was sich während des Trocknens verfärbt, gibt man weg.

Wilde Pflanzen in Speis und Trank

Viele wilde Pflanzen und Kräuter nimmt man nicht nur für Tee. Im Sommer ist ein Salat aus Blättern und Blüten nicht nur ein Augen- und Gaumenschmaus. So ein Salat ist auch ausgesprochen gesund. Verwenden Sie getrocknete wilde Pflanzen auch für Suppen, Eintöpfe, Brot, Kräuterbutter usw. Nehmen Sie beim Probieren am Anfang nur wenig Blätter, bis Sie sich an den Geschmack gewöhnt haben.

In Suppen und Eintöpfen

Versuchen Sie einmal Brennesseln, Walderdbeerblätter, Löwenzahn, Geißfuß, Gänsefuß und Rote-Rüben-Blätter.

Im Brot

Sehr verbreitet ist die Verwendung von Isländisch Moos. (Aber zerstören Sie nichts!) Man kann auch Kleeblumen, Brennesseln, Gänsefuß und Löwenzahnblätter probieren.

Als Tee

Nehmen Sie Blätter von Birken, Brombeeren, Heidelbeeren, Frauenmantel, Wegerich, Weißdorn, Himbeeren, Huflattich, Gartenerdbeeren, Preiselbeeren, Löwenzahn, Eberesche, Schlehe, wilden Erdbeeren, Johannisbeeren, Schachtelhalm, Mädesüß, Apfelbäumen usw. Blüten von Holunder, Johanniskraut, Kamille, Klee, Linde, Heidekraut, Schafgarbe usw. eignen sich gut, ebenso junge Triebe von Nadelbäumen wie Fichte, Tanne, Kiefer und Wacholder.

Kräutertees

Unzureichende Zubereitung verschlechtert den Geschmack, und die Wirkstoffe können zerstört werden. Mit ein bißchen Routine kann man an der Beschaffenheit der einzelnen Pflanzen sehen, wie lange der Tee kochen und ziehen soll.

Blüten

z. B. von Kamillen, Schafgarben, Heidekraut kocht man nicht. Sie werden nur mit kochendem Wasser übergossen und müssen 5 bis 10 Minuten ziehen. Auf die gleiche Weise verfährt man mit Pfefferminze und anderen Minzen, mit Salbei und Pflanzen, die viele ätherische Öle enthalten.

Blätter

von schwarzen Johannisbeeren und Birkenblätter gibt man in kochendes Wasser, läßt sie kurz aufkochen und 5 bis 10 Minuten ziehen. Eine Ausnahme sind Schachtelhalmblätter. Diese müssen mindestens 15 Minuten kochen.

Wurzeln und harte Samen

Löwenzahn und Fenchelwurzeln z. B. sollen mindestens 10 Minuten kochen und dann ziehen, sofern man es nicht vorzieht, sie vor dem Kochen zu mahlen oder zu zerstoßen, um die Kochzeit zu verkürzen.
Will man eine Teemischung aus Löwenzahnwurzeln, Johannisbeerblättern und Pfefferminze bereiten und dabei das volle Aroma erhalten, geht man so vor: Zuerst die Löwenzahnwurzeln 10 Minuten oder länger kochen – je nach der Größe. Dann gibt man die Johannisbeerblätter dazu und läßt das Ganze aufkochen. Dann gibt man die Minze dazu und läßt alles eine Weile ziehen.
Man nimmt einen Teelöffel für eine Tasse. Viele Pflanzen haben pharmakologische Wirkung, deshalb ist das eine gute Faustregel für Anfänger. Im übrigen ist es eine Geschmacksfrage, wie stark man den Tee zubereitet. Trinken Sie nie die gleiche Sorte über längere Zeit. Probieren Sie viele Tees und Teemischungen.
Die Kräutertees sollen 5 bis 10 Minuten ziehen. Manche werden, wenn sie länger ziehen, bitter. Süßen Sie eventuell mit Honig. Nehmen Sie nur rostfreie oder emaillierte Wasserkessel.

Abendtees

Engelwurz (kaufen Sie am besten), Lungenkraut, Kamille. Die Wurzeln werden zu Beginn einige Minuten gekocht (die Dauer hängt von der Größe der Stücke ab). Dann Lungenkraut und Kamille dazugeben und einige Minuten bei geschlossenem Deckel ziehen lassen. Süßen Sie ruhig mit ein wenig Honig, auch wenn Sie Ihre Tees sonst nicht süßen. Auch Kamille und Zitronenmelisse sind gute »Einschlaftees«.

Einige Vorschläge für »Gesellschaftstees«

1. Pfefferminze oder Krauseminze mit ein paar Birkenblättern.
2. 4 Teile Ackerminze und 1 Teil Mädesüß.
3. Auf 4 Teile Blätter von schwarzen Johannisbeeren 1 Teil Schafgarbe und 1 Teil Pfefferminze.
4. 3 Teile Hagebuttenschale und 2 Teile Wacholderbeeren, die man am besten vorher zerdrückt (mit einem Kochlöffel im Kochtopf).
5. 1 Teil Ebereschenblätter, 1 Teil Zitronenmelisse.
6. 2 Teile Erdbeerblätter, 2 Teile Zitronenmelisse, 1 Teil Thymian.

Kräuter für die äußerliche Anwendung

Die Pflanzen sollen jeden Sommer frisch gepflückt werden, da die alten Kräuter langsam ihre Wirksamkeit verlieren. Werfen Sie aber die alten Kräuter nicht weg, sondern verwenden Sie sie für Bäder, Fußbäder usw. Die Haut ist ein Ausscheidungsorgan, nimmt aber auch manches auf. Heute werden Kräuterbäder immer beliebter.

Fürs Bad

Füllen Sie ein Mullsäckchen mit 3 bis 4 Handvoll getrockneten Kräutern, und legen Sie es in die Badewanne, während Sie das Wasser einlassen. Wenn Sie aber einen starken Absud machen, haben Sie mehr von den Inhaltsstoffen der Kräuter. Den Absud bereitet man so zu: Einige Liter Wasser zum Kochen bringen, 3 bis 5 Handvoll Kräuter dazugeben, noch einmal kurz aufkochen und dann einige Zeit ziehen lassen. Dann schließen Sie den Ablauf der Badewanne, sieben den Absud in die Wanne und lassen das Badewasser ein. Baden und genießen!

Fürs Fußbad

Sie bereiten es wie ein Vollbad vor, nehmen aber nur 1 bis 2 Handvoll getrocknete Kräuter. Nehmen Sie so viel Wasser, daß die Fußknöchel bedeckt sind. Das Fußbad soll 10 bis 15 Minuten dauern. Danach Wollsocken anziehen. Massieren Sie dann Hautöl ein, z. B. das »Vielkräuteröl«. Das Rezept finden Sie auf Seite 100.

Für die Haare

Machen Sie einen starken Absud von getrockneten Kräutern, und sieben Sie ihn in das letzte Schwemmwasser. Dafür eignen sich vor allem folgende Pflanzen: Borretsch, Zitronenmelisse, Taubnessel, Huflattich, Löwenzahnblätter, Brennessel und Steinklee. Kamille hellt die Haare auf. Rosmarin und Salbei sind für dunkles Haar gut geeignet.
Aber Ihr Haar wird nicht nur durch ein Haarwasser schöner. Das wichtigste für Ihr Haar ist eine gesunde Ernährung!

Für die Haut

Auch für Ihre Haut können Sie einen starken Tee machen, den Sie dann als Gesichtswasser oder für den ganzen Körper verwenden. Folgende Kräuter haben besonders gute Eigenschaften für die Haut: Frauenmantel, Wegerich, Schlüsselblumen, Johanniskraut, Brennessel, Kamille, Lindenblüten, Ringelblumen, Rosmarin, Rotklee, Schafgarbe, Salbei, Thymian, Beinwell und Ackerschachtelhalm.

Kräuterwasser für die Haut

3 dl Wasser
2 Tl. Ackerschachtelhalm
1 Tl. Schafgarbe
1 Tl. Frauenmantel
3 Rotkleeblüten

Bereiten Sie davon einen Tee, und lassen Sie ihn abkühlen. Gut durchsieben und 1 Eßlöffel Apfelessig dazugeben. Sie können das Kräuterwasser in eine Sprayflasche füllen (Blumensprüher). Dieses Kräuterwasser ist als Gesichtswasser oder als Duschbad für den ganzen Körper verwendbar. Es ist erfrischend und kann nach dem Bad den Juckreiz mildern. Probieren Sie auch einmal selbst andere Pflanzen für Kräuterwässer aus!

Achtung: Manche sind der Meinung, daß man für den äußerlichen Gebrauch die Kräuter 15 bis 20 Minuten kochen soll. Das wird aber nirgends durch Untersuchungsresultate belegt. Also machen Sie es nach Ihrem Gutdünken! Als Richtschnur gilt, daß man lieber ein bißchen weniger als zuviel kocht.

Zum Abschluß des Kapitels über die wilden Pflanzen gebe ich ein von mir komponiertes Hautölrezept an, das in meiner Familie und bei meinen Freunden berühmt und beliebt ist.

Vielkräuteröl

½ El. Weißdorn
½ El. Brennessel
1 El. Schafgarbe
1 El. Johanniskraut
1 El. Ackerschachtelhalm
3 dl Olivenöl oder Distelöl

Mischen Sie alles in einer dunklen Flasche. Stellen Sie die Flasche für 6 Wochen an einen kühlen Ort. Schütteln Sie sie jeden Tag durch. Anschließend wird durchgesiebt. Verwenden Sie das gut duftende Öl für Ihr Gesicht, für die Hände, Füße und den ganzen Körper. Es ist ein gutes Massageöl für trockene Haut, mildert Hautreizungen, dient als Schutz gegen Kälte und lindert den Sonnenbrand.
Die alte, üblicherweise angewendete Methode bestand darin, diese Kräuteröl-Mischung 3 bis 6 Wochen ins Fenster zu stellen. Das ist sicher eine gute Methode, doch ich machte die Erfahrung, daß das Öl dann leichter ranzig wird.

Gewürzkräuter (Küchenkräuter)

Dazu rechne ich jene Pflanzen, die viele von uns im Gemüsegarten und in Blumentöpfen am Balkon selber züchten. Die meisten werden allerdings gekauft.

Küchenkräuter

Basilikum, Borretsch, Zitronenmelisse, Estragon, Bohnenkraut, Kerbel, Lavendel, Liebstöckel, Malve, Majoran, Minze, Origano, Bibernelle, Rosmarin, Thymian, Salbei, Weinkraut usw.

Samen

Anis, Wacholder, Fenchel, Koriander, Kümmel.

Blätter von Wurzelgemüse

Sellerieblätter, Pastinakblätter u. a. sind gute »Gewürze«.

Küchenkräuter erntet man zur gleichen Zeit wie die wilden Pflanzen, also am Vormittag, wenn die Sonne den Tau schon getrocknet hat. Ernten Sie nie bei nebeligem Wetter oder bei Regenwetter. Machen Sie kleine Büschel, die Sie auf eine Schnur oder eine Stange hängen. Oder rebeln Sie die Blätter ab, und trocknen Sie sie separat, ebenso wie die Stiele. Darüber habe ich bereits ausführlich im Kapitel »Trockenmethoden und -geräte« geschrieben. In dem Moment, wo die Kräutersträußchen trocken sind, nimmt man sie herunter und rebelt die Blätter von den Stielen. Alle Kräuter wollen »atmen«, das heißt, es muß noch ein wenig Luft in der Dose bleiben, in der sie verwahrt werden. Die Dose selbst muß allerdings luftdicht sein, damit weder Feuchtigkeit noch Gerüche eindringen können.

Blätter von Gewürzkräutern

Man läßt sie am besten ganz, denn dann behalten sie ihr Aroma am vollständigsten. Vor der Anwendung zerkrümelt oder zerstößt man die Blätter. Man gibt sie in die schon fertiggekochten Gerichte und läßt sie nur mehr ziehen.

Stiele von Gewürzkräutern

Die Stiele bewahrt man separat auf, nicht mit den Blättern zusammen. Man kann sie in Suppen und Eintopfgerichten mitkochen und vor dem Anrichten herausnehmen. Oder man pulverisiert sie zu Kräutermischungen. Ein Rezept gibt es im Kapitel »Rezept-Ideen« auf Seite 147.

Samen

Sie sollen immer im ganzen verwahrt werden. So behalten sie ihren Geschmack und den Duft am besten. Vor der Verwendung zerstößt oder mahlt man sie. Nach ein paar Stunden verlieren gemahlene Gewürze schon viel von ihrem Aroma, wenn man die Dose unverschlossen stehen läßt.
Feingemahlene Samen werden ein paar Minuten mitgekocht. Dann läßt man die Speisen ziehen.

Blätter von Wurzelgemüse

Nehmen Sie die Stiele und groben Rippen weg, und trocknen Sie alles an der Luft. Lassen Sie die Blätter möglichst ganz. Sie sind im allgemeinen größer und haben eine gröbere Struktur als die Küchenkräuter. Darum gibt man sie in die heißen Gerichte, kocht auf und läßt ziehen.

*

Getrocknete Küchenkräuter sollen innerhalb eines Jahres verbraucht werden, weil Geschmack und Duft während der Lagerung abnehmen. Verwenden Sie im Winter und Frühling mehr Kräuter! Blanchiertes, getrocknetes Gemüse, das richtig gelagert wird, bewahrt Aroma und Geschmack, aber das Aroma von Blattgemüsen und Kräutern verliert an Kraft.

*

Wie, was und wann man würzt, ist Geschmacksache. Oft sind wir allzu konventionell und geben der Gewohnheit nach. Schade! Es ist ein weites Feld, interessant und spannend. Warum nicht selbst experimentieren? Eine allgemeine Regel heißt:
Die Kräuter sollen den Geschmack eines Gerichtes hervorheben, aber nicht dominieren. Probieren Sie manchmal etwas Neues, machen Sie eigene Erfahrungen! Nehmen Sie zuerst wenig von den Kräutern mit starkem Geschmack und mehr von den milden.

Gewürzkräuter verwendet man nicht nur zum Würzen. Da gibt es noch andere Möglichkeiten:
Machen Sie z. B. Gewürzmischungen und Kräutersalze. Verwenden Sie sie für Bäder, Fußbäder, Handbäder, Hautöle, Mundwässer, Gesichtswässer und Haarwässer, zum Inhalieren, zum Konservieren usw. Aus den meisten kann man auch Tee zubereiten. Es gibt sogar eine Aromatherapie.

Früher züchtete man Heilkräuter im Küchenkräutergarten, z. B. Baldrian. Man machte keinen allzu großen Unterschied zwischen Heil- und Küchenkräutern, weil die Küchenkräuter auch heilende Eigenschaften haben und die Heilkräuter zeitweise auch zum Würzen verwendet wurden.
Viele sind der Meinung, daß die Gewürzkräuter genauso Heilkräuter sind wie ein Teil der wilden Pflanzen. Einige sind für die Verdauung gut, andere sind wassertreibend, blutreinigend, nervenberuhigend, schleimlösend und hustenlindernd. Das sind Eigenschaften, die auch die verschiedensten Küchenkräuter haben.

Die Lagerung von Beeren, Obst, Gemüse und Wildpflanzen nach dem Trocknen

Verwahren und Lagern sind genauso wichtig für gute Qualität wie das Trocknen selbst. Die Produkte müssen vor Feuchtigkeit, Licht, Luft und Wärme geschützt werden. Der beste Aufbewahrungsort ist dunkel, kühl und trocken.

Der ideale Dauer-Aufbewahrungsplatz wird in modernen Wohnungen, wo es oft schlechte oder gar keine Keller und Dachböden mehr gibt, oft schwer zu finden sein. Auf die Verpackung muß um so mehr Wert gelegt werden, je schlechter der Aufbewahrungsplatz ist.

5 bis 15 °C ist die ideale Lagertemperatur. Es ist keine Katastrophe, wenn man die getrockneten Produkte ein Jahr lang bei Zimmertemperatur lagert. Nur soll man das nicht länger tun! Verwahren Sie nie getrocknete Produkte im Kühlschrank oder im Gefrierschrank! Auch nicht, wenn Sie dicht schließende Dosen benützen. Die Produkte nehmen doch die Feuchtigkeit von den frischen Waren auf und werden unbrauchbar.

Im feuchten Klima oder wenn es gerade regnet, ist es wichtig, daß man unmittelbar nach dem Trocknen die Produkte in Dosen oder Säcke füllt: Sonst ziehen sie sofort wieder Feuchtigkeit an und müssen wieder getrocknet werden. Das ist besonders wichtig für Kräuter und alle Gemüsesorten. Je feuchter das Klima, um so wichtiger ist es, daß das Verpackungsmaterial luftdicht ist.

Ich habe einen Versuch gemacht, indem ich getrocknetes Gemüse durch falsches Lagern »mißhandelt« habe. Ich gab Wurzelgemüse, Kraut, Lauch und Zwiebeln zum Teil in dunkle

Papiersäcke und zum anderen Teil in durchsichtige Plastiksäcke. Dann wurden sie in einem sehr hellen Raum und warm gelagert. Nach sechs Wochen habe ich die Inhalte verglichen. Trotz dieser kurzen Zeit gab es große Unterschiede je nach Verpackung. Das Gemüse in den durchsichtigen Säcken hatte bereits einen muffigen, leicht bitteren Geschmack und eine dunklere bis graue Farbe. Außerdem hatte es das Aroma verloren. Das kam sicherlich von der Lichteinwirkung.
Alle Behälter, in denen getrocknete Produkte aufbewahrt werden, müssen vollkommen sauber sein. Verwenden Sie nie Gefäße, die z. B. Sauerkraut oder andere milchsäurevergorene Lebensmittel enthalten hatten. Da kann immer noch etwas Geruch vorhanden sein. Alle Gefäße sollen trocken sein. Es genügt nicht, wenn man sie nur mit einem Handtuch abtrocknet und gleich mit getrockneten Produkten füllt. Lassen Sie die Gefäße, bevor Sie sie füllen, immer an einer warmen, trockenen Stelle lufttrocknen.
Wenn Sie nicht sicher sind, ob der Inhalt einer Dose ganz trocken ist, legen Sie zur Sicherheit ein Stück Löschblatt dazu. Das saugt dann die eventuell vorhandene Feuchtigkeit auf. Halten Sie die getrockneten Produkte immer getrennt! Geben Sie z. B. Papiersäcke mit Äpfeln und Birnen in eine Schachtel, so vermischt sich deren Aroma und Geschmack. Außerdem ist der Trocknungsgrad bei den verschiedenen Obstsorten und Gemüsearten unterschiedlich. Die trockeneren können daher Feuchtigkeit von den weniger trockenen ansaugen.

*

Wenn Sie eine Verpackung öffnen, riechen Sie zuerst am Inhalt. Er soll frisch duften, selbst nach längerer Lagerzeit. Wenn der Geruch muffig ist oder wenn es sogar Schimmel gibt, so heißt das, daß der Inhalt vor dem Verpacken unzureichend getrocknet war. Auch kann bei der Verpackung oder Lagerung ein Fehler passiert sein.

In der älteren Literatur zum Thema Trocknen spricht man von Kartuschen als den besten Behältern zur Aufbewahrung. Was war eine Kartusche? Das Wort Kartusche bezeichnet beides: Verpackung und Inhalt. Das bemerkenswerteste war, daß der Inhalt immer etwas war, das trocken gehalten werden mußte, z. B. Schießpulver, Tabak oder Zündhölzer. Die Hülle war immer aus brennbarem Material und mußte den Inhalt schützen, aber auch die Feuchtigkeit aufsaugen, damit der Inhalt trocken gehalten wurde. Gewöhnlich verwendete man Kartuschenstoff aus Textilabfällen, aber es gab auch Kartuschenpapier. Da es galt, getrocknetes Obst und Gemüse zu lagern, mußte die Luft ferngehalten werden, obwohl man damals von Enzymen und Enzymumwandlungen noch nichts wußte. Motten und andere Schädlinge waren damals ein großes Problem. Deswegen ließ man nach dem Trocknen die Produkte ein wenig Feuchtigkeit aus der Luft ansaugen oder besprühte sie mit ein wenig Wasser, damit sie ein bißchen weicher wurden. Dann preßte man sie fest in einer speziellen Kiste zusammen und schlug sie gleich darauf in Kartuschenstoff ein. Danach trocknete man die ganze Kartusche.
Auf Seereisen und anderen Reisen packte man diese Kartuschen in Tonnen, die verschlossen wurden, oder in Blechkisten. Um Motten fernzuhalten, streute man Pfeffer, Kümmel, Zwiebel oder Wacholder in die Kartuschen. Man verwendete aber nie Salz dafür, weil man wußte, daß Salz Feuchtigkeit anzieht.

Langzeit-Lagerung

Gemüse

Packen Sie getrocknetes Gemüse so dicht wie möglich, so daß nur wenig Luft in der Verpackung bleibt. Machen Sie kleine Portionen. Verwenden Sie kleine, braune Papiersäcke, die

recht preiswert sind. Sie können auch kleine Pakete aus braunem Packpapier oder kleine Säcke aus dichtem, dunklem Baumwollstoff verwenden.
Füllen Sie die Säcke mit getrockneten Produkten voll, drücken Sie sie so zusammen, daß die Luft entweicht, und verschließen Sie sie mit Klebestreifen, einer Schnur oder kräftigen Gummiringen. Diesen Sack geben Sie anschließend in einen Plastiksack gleicher Größe und versiegeln ihn mit Klebestreifen. Vergessen Sie nicht, Etiketten aufzukleben, auf die Sie Inhalt und Verpackungsdatum geschrieben haben.
Die Papier- und Stoffsäcke schützen vor Licht, verhindern den Langzeitkontakt mit dem Plastikmaterial und absorbieren eventuell vorhandene Feuchtigkeit. Leere Säcke brauchen auch weniger Platz als Dosen.
Viele kleine Pakete gibt man in einen großen aromadichten Plastiksack, den man gut verschließt. Will man die Produkte lange Zeit aufbewahren, kann man alles noch einmal zum Schutz in einen zweiten Plastiksack stecken. Die kleinen Pakete kann man auch in große Dosen sowie in Behälter aus Glas oder Metall geben, die sich luftdicht verschließen lassen, wodurch Insekten und Licht abgehalten werden.
Trockenprodukte sind kurz nach dem Öffnen der Behälter am besten. Man soll sie dann in den nächsten Wochen verbrauchen. Es ist besser, viele kleine Pakete anstelle von einigen großen zu machen. Die großen muß man immer wieder von neuem verschließen und lagern. Jedesmal, wenn Sie die Verpackungen bzw. die Dosen öffnen, kommt Luft dazu. Ist sie feucht, besteht die Gefahr, daß der Inhalt Feuchtigkeit anzieht. Blanchiertes Gemüse, gut gelagert, hält mehrere Jahre.

Obst

Getrocknetes Obst muß nicht vom Trockenapparat weg verpackt werden. Es kann ruhig ein paar Tage an einem warmen, luftigen Ort nachtrocknen.

Verpacken Sie Obst wie Gemüse. Sie können es auch in Wachspapier einrollen und dann in Plastiksäcke geben. Gut verpacktes und gelagertes Obst hält mehrere Jahre.

Beeren

Wie Gemüse verpacken.
Wenn es nur einige Monate aufbewahrt werden soll, kann man auch kleine, dunkel gefärbte Gläser mit gut schließendem Deckel verwenden. Füllen Sie die Gläser ganz voll, schließen Sie den Deckel, und dichten Sie ihn rundherum mit Klebestreifen ab, damit das Eindringen von Luft verhindert wird. Auch Beeren kann man mehrere Jahre aufbewahren.

Wilde Pflanzen und Kräuter

Gemüse muß absolut luftdicht verpackt sein. Aber wilde Pflanzen und Kräuter brauchen ein wenig Luft.
Getrocknete Kräuter soll man sofort, nachdem sie trocken sind, in Dosen oder Gläser füllen und diese verschließen. Sonst ziehen sie wieder Luftfeuchtigkeit an, dunkeln nach und verlieren an Aroma. Pflanzen schimmeln leicht, wenn sie nicht wirklich trocken sind oder an feuchten Plätzen verwahrt werden.
Lassen Sie die Blätter möglichst ganz, und zerkrümeln Sie sie erst vor dem Gebrauch. Geeignete Aufbewahrungsgefäße sind Büchsen und Schachteln aus Holz, Pappe, Glas und Keramik. (Meiden Sie aber schlechte Glasuren und vorimprägniertes Holz!) Mit Schmuckpapier beklebte Pappschachteln sind hübsch und leicht zu stapeln. Auch gewöhnliche braune Papiersäcke und Pappschachteln kann man verwenden.
Wilde Pflanzen und Kräuter bewahrt man ein Jahr auf. Was Sie dann damit machen können, lesen Sie im Kapitel »Wilde Pflanzen und Kräuter«.
Beschriften Sie immer alles, auch schon vor dem Trocknen!

Anfänger sollten das Verpackte nach dem Trocknen kontrollieren. Schauen Sie einige Tage nach dem Trocknen nach und dann noch einige Zeit jede Woche einmal. Halten Sie nach Feuchtigkeit und Insekten Ausschau!
Schütteln Sie die Dosen oder Schachteln. Wenn die Teile aneinanderkleben, deutet das auf ein wenig Feuchtigkeit hin.

Kurzzeit-Lagerung

Damit meint man das Aufbewahren für einige Wochen in der Küche, zum raschen Verbrauch. In diesem Fall ist das Wetter bzw. das Klima nicht so wichtig wie bei einer Langzeitlagerung. Die Deckel der Dosen sollen dicht schließen. Aber auch das ist hier nicht so bedeutungsvoll wie bei einer längeren Lagerzeit. Dunkle Gläser eignen sich für alles. Farblose Gläser kann man in dunklen Kästen aufbewahren.
Farblose Gläser bekommen Sie in Kaufhäusern und Geschäften, die Haushaltsgeräte führen. In Apotheken bekommt man braune Gläser mit Deckel oder Korken. Auch Marmeladen- oder Instantkaffeegläser sind gut brauchbar.
Die getrockneten Kräuter gibt man nach Sorten getrennt in die Gläser. Einen Teil kann man auch schon vorher mischen: z. B. Frühstückstee, Wiesentee, Spezialtee, Schlaftee usw. Mischen Sie aber nicht Tees mit verschieden langen Zubereitungszeiten.
Ein großer Trichter ist beim Füllen sehr hilfreich. Einen einfachen Trichter können Sie aus steifem Papier oder dünnem Pappendeckel anfertigen. Formen Sie eine Tüte, die Sie mit einem Klebeband umwickeln.
Ein Tip: Besorgen Sie sich ein Buchregal, ca. 25 cm tief, mit einem Regalabstand von etwa 10 cm. Stellen Sie die Dosen mit den Etiketten nach vorne in die Regale. Das spart Platz, ist praktisch und übersichtlich.

Schädlinge

Es gibt kleine Schädlinge, die die getrockneten Produkte mindestens ebenso schätzen wie wir selbst.

Der schwarzbraune Große Reismehlkäfer (tribolium destructor) und der Australische Diebkäfer (petinius tectus) lieben Kräuter und andere getrocknete pflanzliche Produkte.

Der Getreideplattkäfer (orycaephilus surinamensis) bereichert seinen Speisezettel ebenfalls mit getrockneten Früchten.

Der Brotkäfer (stegobium paniseum) frißt alles: Pflanzen, Obst und Gemüse. Außerdem schätzen alle diese Käfer Mehl, Getreide, Brot, Nüsse, Mandeln usw.

Die Kupferrote Dörrobstmotte (plodia interpunctella) liebt Pflanzen und getrocknetes Obst, aber vor allem Mehl, Getreide, Bohnen, Nüsse usw. Außerdem gibt es noch einige Verwandte, die den gleichen Geschmack haben. Die Fruchtmotte ist ca. 10 mm lang. Die Flügelspannweite beträgt ca. 18 mm. (Die Kleidermotte ist ca. 6 mm lang, und ihre Flügelspannweite beträgt 12 bis 14 mm).

Die Kupferrote Dörrobstmotte schätzt Wärme. Bei guten Bedingungen ist eine Motte in 35 Tagen ausgewachsen. Die Eier werden unter anderem auf getrocknetes Obst gelegt, von dem die Larven sich später ernähren. Das sieht man an den kleinen Löchern und Gängen in den Früchten und an den typischen Ausscheidungen am Dosenboden und am Obst.

Wie kann man die getrockneten Waren schützen?

In luftdichten Packungen und Dosen aufbewahren! Überprüfen Sie den Inhalt immer wieder! Halten Sie alles rein! Wenn Sie das alles machen, können Sie sich fast hundertprozentig sicher fühlen.

Wenn das Unglück schon passiert ist

1. Entfernen Sie alle befallenen Teile. Werfen Sie eher zu viel als zu wenig weg. Reinigen Sie die Schränke, und waschen Sie die Dosen gründlich. Noch einmal kontrollieren!
2. Trennen Sie die Reste für ein paar Wochen von anderen Lebensmitteln, und beobachten Sie sorgsam, ob sich nicht doch wieder schmarotzende Gäste breitmachen.
3. Wenn es Ihnen nicht gelingt, sie zu entfernen: Versuchen Sie festzustellen, welche Tierart sich bei Ihnen eingenistet hat. In den meisten Ländern gibt es Versicherungen, die sich auf Schädlinge im Haushalt spezialisiert haben.
4. Wie Sie dann gegen die Schädlinge vorgehen, hängt davon ab, woher diese kommen. Schädlinge, die aus kalten Ländern kommen, mögen natürlich die Wärme nicht, und solche aus warmen Ländern vertragen Kälte schlecht.

Sind Ihre Schädlinge Brotkäfer oder Australische Diebkäfer, erhitzen Sie die getrockneten Produkte fünf Stunden lang im Backrohr auf 70 °C.
Der Getreideplattkäfer und die Kupferrote Dörrobstmotte lieben die Wärme. Deshalb sollen die befallenen Produkte für 3 Tage in einen Tiefkühlschrank gestellt werden.
Bei der Bekämpfung des Großen Reismehlkäfers können Sie zwischen zwei Methoden wählen: Entweder Sie erhitzen die Produkte im Backrohr für mehrere Stunden, oder Sie geben sie 3 bis 5 Tage in den Gefrierschrank. Die Gefriermethode dürfte die »schonendere« sein.

Bei all diesen Methoden werden auch die Eier zerstört.
Auch die schwarzen Ameisen können ins Haus kommen. Das geschieht meistens gegen das Frühjahr hin. Da sind sie auf der Suche nach Nahrung und werden vom süßen Duft des Getrockneten angelockt. Sie bilden dann eine Ameisenstraße. Wenn der Sommer kommt, verschwinden sie meistens von selbst.

Rezept-Ideen

Alle Gerichte aus getrockneten Ingredienzen sind sehr rasch zubereitet. Es ist ja alles schon vorher geschehen: das Waschen, das Putzen, das Schneiden. Das ist für alle Gestreßten interessant. Die Zeit, die im Sommer und Herbst für das Vorbereiten und Trocknen aufgewendet wurde, gewinnt man nun beim Zubereiten.
In diesem Kapitel finden Sie keine gewöhnlichen Rezepte, sondern Tips, was man alles mit getrockneten Produkten machen kann. Ich hoffe, es inspiriert Sie zu vielen neuen Ideen. Ich will ja nicht eine neue Ernährungslehre begründen, sondern nur meine Erfahrungen mit getrockneten Produkten und deren Zubereitung weitergeben.
Das Wichtigste, was ich Ihnen für den Start mitgeben möchte: Lassen Sie Ihrer Phantasie freien Lauf! Improvisieren, variieren Sie! Werfen Sie Konventionen, die mit der herkömmlichen Zubereitung verknüpft sind, über Bord! Entwickeln Sie auch beim Würzen neue Geschmackskombinationen!
Auch Leser, die Campingfans sind, die bergwandern oder mit Booten unterwegs sind, finden auf den folgenden Seiten viele neue Ideen.

Das Ein- und Aufweichen der getrockneten Produkte (Rehydrierung)

Bei allen Versuchen mit dem Einweichen getrockneter Früchte, Beeren, Wurzelgemüse, Gemüse und Kräuter verwendete ich lauwarmes (Zimmertemperatur), 60°C warmes oder kochendes Wasser. Beurteilt wurden Konsistenz, Geschmack, Farbe und Duft.

Es gab immer eine Beziehung zwischen diesen Faktoren. Wenn der Geschmack gut war, waren auch Farbe, Konsistenz und Duft gut. Mit Ausnahme von Pilzen und Algen führte das Aufweichen in kochendem Wasser während einer Zeitspanne von mindestens 10 Minuten immer zum besten Ergebnis.

Wurzelwerk soll zunächst ein paar Minuten kochen und dann mindestens 10 Minuten ziehen. Bei einer Rehydrierung in lauwarmem Wasser würde man 10 Stunden brauchen, um das gleiche Resultat zu erzielen. Obendrein kann es während dieser langen Zeit zu einem Wachstum verschiedener Mikroorganismen kommen. Nur Pilze müssen in lauwarmes Wasser gelegt werden und bei Zimmertemperatur weichen.

Bei getrockneten Produkten erreicht man nicht immer die Konsistenz von frischen Früchten, Beeren und Gemüsen. Sie sind manchmal fester, und der Geschmack ist intensiver. Auch die Nährstoffe sind konzentrierter. Vielleicht sollte man deshalb von getrockneten Produkten weniger essen als von frischen.

Den Produkten, die in frischem Zustand viel Flüssigkeit enthalten, muß man zum Aufweichen viel Wasser zusetzen: vor allem Melonen, Kürbis, Auberginen, Rhabarber. Nach dem Aufweichen kann man die Produkte im großen und ganzen wie gewöhnlich zubereiten.

Eventuell übriggebliebenes Einweichwasser kann man beim Kochen verwenden oder als Saft trinken.

Ins Einweichwasser soll man nie Salz, Mehl oder Sahne (Obers) geben! Dies erschwert das Aufsaugen des Wassers. Nur beim Einweichen von sauren Früchten oder Beeren kann man eventuell Honig ins Aufweichwasser geben. Noch besser ist es, die sauren Früchte mit süßen Früchten oder Beeren zu mischen.

Kochen oder nicht kochen?

Während meiner Experimente bei der Zubereitung getrockneter Produkte war ich bestrebt, so wenig wie möglich zu kochen und zu braten. Das war zeitweise eine Gratwanderung für mich. Hier einige Anleitungen:

Alles außer Pilzen, Algen und Zwiebeln gibt man in kochendheißes Wasser.

Wurzelgemüse, in kleine Stücke geschnitten, läßt man 1 bis 5 Minuten kochen, bis es halb weich ist. Dann läßt man es mindestens 10 Minuten ziehen, bis alles ganz weich ist.

Paprika, Lauch: 0 bis 3 Minuten kochen, dann ziehen lassen. Die Kochzeit hängt von der Qualität ab.

Wilde Kräuter in Suppen: kurz aufkochen, dann ziehen lassen.

Blüten: nicht kochen, nur ziehen lassen.

Gewürzkräuter: Sie dürfen nicht kochen, denn dabei werden die ätherischen Stoffe zerstört. Kräuter gibt man in fertig gekochte Gerichte und läßt sie nur noch ziehen. Legen Sie einen Deckel darauf, dann bleibt das Aroma besser erhalten.

Obst und Beeren: Man gibt sie zum Aufweichen mindestens 10 Minuten in kochendheißes Wasser.
Wenn sie sehr hart getrocknet sind, kann man sie ein paar Minuten kochen. Aber das braucht man selten zu tun, und es ist auch nicht erstrebenswert. Obst und Gemüse kann man auch in lauwarmem Wasser über Nacht einweichen.

Alles Eingeweichte soll immer zugedeckt sein!
Wenn man Getrocknetes pulverisieren will, trocknet man die

Produkte besonders stark, damit das Pulverisieren leichter ist. Man trocknet entweder im Backrohr, im Trockenapparat oder an einer anderen warmen Stelle, z. B. über einem Heizelement.

Abgesehen von Milch, Sahne (Obers), Kochfett, Öl, Quark (Topfen), Honig, Zitronensaft, Obstessig und Apfelsaft verwende ich in den folgenden Rezepten nur getrocknete Produkte. Das Kochfett, das ich verwende, ist immer pflanzlicher Herkunft.

Die Naschereien, die ich im Abschnitt »Gesunde Naschereien« beschreibe, kann man aus frischen Früchten, aber ebensogut aus getrockneten, aufgeweichten Früchten herstellen. Wo Erbsen, Bohnen, Linsenpulver usw. angegeben sind, handelt es sich um gekaufte und dann erst gekochte und getrocknete Produkte. Das wirkt vielleicht weit hergeholt und erfordert doch einigen Einsatz, aber es erleichtert die schnelle Zubereitung von Eintöpfen, Suppen usw. In allen blanchierten, getrockneten Wurzelgemüsen ist ein bißchen Salz enthalten. Das muß man beachten!

Meine Gewürzvorschläge befolgen Sie bitte nicht sklavisch! Probieren Sie, und experimentieren Sie mit eigenen Gewürzkombinationen und Kompositionen!

Ich habe durchgehend mit kleinen Stücken und dünnen Scheiben gearbeitet. So ist es auch für Anfänger am einfachsten.

*

Ich möchte noch einmal betonen, daß die Flüssigkeitsangaben der Rezepte niemals ganz genau sein können, denn sie hängen ja davon ab, wie trocken die Produkte sind, welche Form sie haben und wieviel Wasser in den frischen Produkten war.

Alle Rezepte sind für 2 Personen berechnet.

Warme Gerichte und kleine Mahlzeiten

Das Grundrezept

Bringen Sie einige Deziliter Wasser zum Kochen.
Geben Sie gemischtes Gemüse hinein. Es soll knapp vom Wasser bedeckt sein. Weiter köcheln lassen, bis das Wasser aufgesaugt ist. Mit Kräutersalz oder Kräutern würzen, ein nußgroßes Stück Butter dazugeben und umrühren.
Varianten:

1. Mit einer gut gewürzten Béchamelsauce übergießen und gratinieren.
2. Mit Käsescheiben bedecken, Vollkornpaniermehl darüberstreuen und überbacken.
3. »nature« servieren.

Grundrezept für Pilze

Die Pilze, mit lauwarmem Wasser bedeckt, ca. 8 Stunden weichen lassen. (Einige Sorten brauchen nicht so lange.) Dann langsam erwärmen und köcheln lassen, bis die Flüssigkeit aufgesaugt ist.
Man kann sie auf verschiedene Arten zubereiten:

1. Mit Butter leicht anrösten, würzen.
2. Mit Rahm, Salz und Kräutern anrichten.
3. Auf herkömmliche Art Gulasch, Saucen oder Suppen zubereiten.

Einfaches Spinatgericht

Geben Sie den zerkleinerten Spinat in heißes Wasser. Würzen, z. B. mit Muskat, Schnittlauch oder Lauch. Einige Minuten köcheln lassen. Auch ohne Würze schmeckt getrockneter Spinat gut. Man kann auch Suppe oder Auflauf daraus machen.

Buttersalat

Wasser aufkochen und zerkleinerte Salatblätter einlegen. Köcheln lassen, bis das Wasser aufgesaugt ist.
Einen Löffel Butter dazugeben. Ein paar Minuten schmoren lassen.
Sehr vorsichtig würzen.
Auf die gleiche Art können auch Spinat, Kraut (Weißkohl) u. a. zubereitet werden.
Buttersalat ist auch eine gute Grundlage für Saucen, Suppen und Aufläufe.

Grüne Bohnen (Fisolen)

3 dl Wasser aufkochen und 2 dl Bohnen dazugeben.
Köcheln lassen, bis das Wasser aufgesaugt ist. Kräutersalz und ein Stückchen Butter dazugeben, umrühren und servieren.
Zuckererbsen, Kohlrabi, Pastinak u. a. kann man ebenso zubereiten.

Weiße Bohnen in Tomatensauce

6 dl Wasser aufkochen.
3 dl weiße Bohnen dazugeben (gekocht und getrocknet).
Ein wenig kochen lassen.
3–4 El. Tomatenpulver oder zerkleinerte Tomaten dazugeben.
1 Tl. Suppengewürze beifügen.
1 Tl. Dill und 1 Tl. Majoran dazugeben und noch ein wenig ziehen lassen.
Variante: Verdünnen und als Suppe servieren.

Kraut (Weißkohl) mit Apfel

Ein wenig Wasser aufkochen. Kraut und Apfelstückchen dazugeben, danach ein bißchen Apfelsaft oder ein paar Tropfen Obstessig darüberträufeln. Einige Minuten köcheln lassen, bis das Wasser aufgesaugt ist.

Kürbissalat

1 dl Kürbis (kleine Stückchen)
1 dl Apfel (ebenfalls kleine Stückchen)
4 kleingeschnittene Aprikosen (Marillen)
ein bißchen Zitronensaft und ein wenig Ingwer.
Alles mit 3,5 dl kochendem Wasser übergießen, mischen, eventuell einige Minuten kochen lassen. Dieser Salat wird nach 24 Stunden im Kühlschrank noch besser! Kurz vor dem Anrichten gehackte Nüsse darüberstreuen.

Kartoffelbrei gewürzt

Wasser aufkochen, Kartoffeln einlegen und einige Minuten kochen lassen, mixen oder zu Mus passieren.
Mit Kräutersalz oder Kräutern würzen, z. B. mit Majoran, Kümmel, Muskat, Kerbel oder Estragon. Warum nicht auch mit Schnittlauch, Lauch oder viel Petersilie (vorher einweichen)?

Mus aus Steckrüben (Wruken)

Wasser aufkochen, Steckrüben und eventuell auch Kartoffeln einlegen.
Einige Minuten kochen lassen.
Mixen oder passieren.
Dann mit Suppenwürze oder Kräutern würzen. Petersilie oder Kümmel dazugeben.

Kräuterreis (Vollreis)

Ein nußgroßes Stück Butter in einer Pfanne schmelzen lassen. 2 dl Reis dazugeben. Langsam unter ständigem Umrühren goldgelb rösten (nicht braun). Dann kommen 5 dl heißes Wasser dazu. 5 Minuten kochen lassen. Sie können den Reis so fertigkochen oder ihn in eine »Kochkiste« geben. Diese Kochkiste kann eine Wolldecke oder ein großer Wollpullover sein, in den Sie die Pfanne einwickeln, bis der Reis fertig aufgequollen ist. Bevor Sie den Reis in die Kochkiste geben, würzen Sie ihn, z. B. mit Bohnenkraut, Basilikum, Pastinakblättern, Petersilie, Rettichblättern usw.
Hirse, ganzen Hafer oder Weizen kann man auf die gleiche Weise zubereiten. Eventuell muß man aber die Wassermenge verändern.

Erbsensuppe

(Weitere Suppen auf Seiten 124f.)
3 Teile Wasser aufkochen.
1 Teil gelbe Erbsen hineingeben (gekocht und getrocknet).
Wenn nötig, etwas kochen.
Mit Suppenwürze, Kerbel, Petersilie oder Muskat würzen.
Man kann auch aufgeweichte Pilzstückchen dazugeben und zerriebene, getrocknete Zwiebeln darüberstreuen. Eventuell vorhandene Gemüsereste dazugeben. Lassen Sie die Suppe ein wenig ziehen, damit die Kräuter ihren Geschmack entfalten können.

Püree aus grünen Erbsen

Für Suppen:	Für Püree:
3 Teile kochendes Wasser.	2 Teile kochendes Wasser.
1 Teil grüne Erbsen.	1 Teil grüne Erbsen.

Kochen und wenn nötig mixen oder zu Püree passieren.

Würzvorschlag: Suppenwürze oder Kräutersalz, Pastinakblätter, Gurkenkraut, Majoran oder Schnittlauch und Lauch (vorher eingeweicht).
Auf dem angerichteten Püree ein Stückchen Kräuterbutter zergehen lassen!

Vegetarische Laibchen (Frikadellen)

Vegetarische Laibchen kann man schnell und leicht zubereiten, wenn man Dosen mit fertigen Trockenprodukten in Pulverform oder Fertigmischungen hat.
Das Pulverisieren von Wurzelgemüse, Pilzen oder Bohnen u.a. macht man zwischendurch. Das Pulverisieren harter, getrockneter Produkte ist nicht ganz leicht. Anleitungen dafür stehen im Kapitel »Ratschläge fürs Trocknen«. Wenn alles fein vermahlen ist, zerfallen die Laibchen weniger leicht.

Einfaches Grundrezept

Alle getrockneten Zutaten vermischen.
Kochendes Wasser darübergießen und umrühren. Laibchen formen und in der Pfanne herausbraten.
Die Masse kann man verdünnen und als warmen Aufstrich für Brote verwenden.
Ich habe eine Tabelle (siehe Seite 123) mit verschiedenen Rezepten für Laibchen zusammengestellt. Ich hoffe aber, daß viele ihre eigenen Mischungen finden und diese in die Tabelle eintragen werden.

Vegetarische Laibchen einmal anders

Pilze und Gemüsestücke einweichen. Mixen und würzen. Hafermehl oder ein anderes Bindemittel dazugeben.

Vegetarische Laibchen

	Pastinak	Linsen	Sellerie	Soja	Möhren (Karotten)
Kohlrabi					
Steckrüben					
Zwiebeln				1 El.	
Möhren (Karotten)		1 El.		½ El.	4 El.
Pastinak	4 El.				
Paprika				1 Tl.	
Kartoffeln			1 El.		1 El.
Lauch		1 El.			1 El.
Sellerie			4 El.		
Rote Bete					
Spinat					
Kraut (Weißkohl)					
Basilikum					
Dill					
Estragon					
Schnittlauch					
Koriander					1 Prise
Bohnenkraut					
Kerbel	1 Tl.				
Liebstöckel					
Majoran					1 Tl.
Pastinakblätter			1 El.		
Petersilie	1 El.				
Rosmarin		1 Tl.			
Salbei				1 Prise	
Sellerieblätter	½ Tl.				
Thymian		1 Tl.			
Wilde Kräuter				1 El.	
Nüsse					
Pilze		1 El.			1 Tl.
Kichererbsen					
Linsen		3 El.			
Sojabohnen				4 El.	
Weiße Bohnen					
Hafermehl	2 El.	3 El.	2 El.	2 El.	2 El.
Gewürzsalz	½ Tl.		½ Tl.		
Bouillonpulver		½ Tl.		½ Tl.	
Salz					
Heißes Wasser	2½ dl	2½ dl	2½ dl	2½ dl	2½ dl

Fügen Sie wilde Kräuter wie z. B. Brennessel hinzu. Lauch, Zwiebeln, Petersilie, Gewürzkräuter zerreiben. Wurzelgemüse, Pilze, Bohnen usw. pulverisieren.

Laibchen formen und herausbraten.
Als Bindemittel habe ich immer Hafermehl verwendet. Man kann auch Eier, Sojamehl, Kichererbsenmehl, Buchweizenmehl, Hirsemehl, Pfeilwurzmehl (Arrowroot), Kartoffelreste, Reis, Hirse, Buchweizen, Weizen usw. nehmen. Wenn Sie ein anderes Bindemittel als Hafer verwenden, müssen Sie auch die Wassermengen ändern, ebenso die Bindemittelmenge.

Suppen und Eintöpfe

Grundrezept für Suppen und Eintöpfe

Wasser aufkochen lassen. Kartoffeln, Wurzelgemüse, Bohnen, Paprika, Hirse usw. dazugeben.
Kochen lassen – je nach Blanchierzeit und Stückgröße.
Blattgemüse, Lauch, Kräuter, Suppenwürze, Pilzpulver usw. dazugeben.
30 Minuten ziehen lassen.
Wenn Sie Zwiebeln dazugeben wollen, lassen Sie diese zuerst in einer Mischung aus Wasser und Öl köcheln, damit der bittere Geschmack verschwindet. Für ½ dl Zwiebel nehmen Sie 1 El. Öl und ½ dl Wasser. (Das Öl steht nicht in der Tabelle.)

Hirsesuppe

9 dl Wasser mit
1 El. Hirse,
1 dl Pastinak und
½ dl Knollensellerie aufkochen.
Einige Minuten kochen lassen. Dann mit
1 dl Lauch,
½ dl Petersilie,

Suppen und Eintöpfe

	Hirse-suppe[1]	*Kräftige Wurzel-gemüse-suppe*	*Eintopf mit weißen Bohnen*[2]	*Linsen-eintopf*[3]
Blumenkohl				
Rosenkohl				
Grüne Bohnen				½ *dl*
Steckrüben		½ *dl*		
Zwiebeln		½ *dl*	1 *dl*	
Möhren (Karotten)		½ *dl*	1 El.	
Pastinak	1 *dl*	½ *dl*		
Paprika		½ *dl*		
Kartoffeln		1 *dl*		
Lauch	1 *dl*			½ *dl*
Sellerie	½ *dl*	½ *dl*		½ *dl*
Rote Bete				
Spinat				
Kraut (Weißkohl)				
Basilikum			1 Tl.	
Dill		2 El.		
Estragon				
Bohnenkraut		2 Tl.		1 Tl.
Kerbel	2 Tl.			
Liebstöckel				
Majoran				1 Tl.
Pastinakblätter				
Petersilie	½ *dl*			
Sellerieblätter				
Thymian			1 Tl.	
Wilde Kräuter			½ *dl*	½ *dl*
Hirse	1 El.			
Gelbe Erbsen				
Linsen				1½ *dl*
Sojabohnen				
Weiße Bohnen			2 *dl*	
Pilze				
Pilzpulver				
Gewürzsalz				
Bouillonpulver	2 Tl.	2 Tl.	½ Tl.	1 Tl.
Wasser	9 *dl*	9 *dl*	6 *dl*	6 *dl*

[1]) Schmeckt gut zu Püree. Mixen und kalt servieren.
[2]) Nehmen Sie wilde Pflanzen wie Gänsefuß, Rote Bete-Blätter usw.
[3]) Mit wilden Pflanzen wie Brennessel, Löwenzahnblätter, Geißfuß.

2 Tl. Kerbel und
2 Tl. Suppenwürze 30 Minuten ziehen lassen.
Variation: Zu Püree mixen und kalt servieren.
Eine Suppenvariante: Wasser aufkochen.
Alles hineingeben.
Bis knapp an den Siedepunkt erhitzen. Den Kochtopf für zweieinhalb Stunden in eine Kochkiste geben.
Für Sonntagsausflüge kann die Thermoskanne die »Kochkiste« sein.

Verwertung von Suppenresten

Wenn Sie zuviel Suppe von frischem oder getrocknetem Gemüse haben, können Sie diese später trocknen. Sehr brauchbar auf Reisen!
Mixen Sie ein dickes Püree, und trocknen Sie es auf geöltem Backpapier. Achten Sie auf die Luftzirkulation, und bedecken Sie nicht den ganzen Rost! Verstreichen Sie das Püree ca. 5 bis 10 mm dick. Bei etwa 50°C braucht es 10 bis 14 Stunden zum Trocknen.
Wiederverwendung: In heißem Wasser einige Minuten einweichen, umrühren, und schon ist es fertig.

Suppe aus Blumenkohlresten (Karfiol)

Diese Suppe sieht nicht nur gut aus, sie schmeckt auch gut!
Wasser aufkochen.
Getrocknete Blumenkohlreste sowie die groben Rippen und die feinen Blätter dazugeben. Ziehen lassen oder ein wenig kochen.
Mixen, passieren und eventuell verdünnen.
Schnittlauch oder Radieschenscheiben oder fein geschnittenen roten Paprika in die Suppe geben.
Ziehen lassen, bis alles weich ist. Ein wenig Suppenwürze hineinstreuen.

Desserts

Einige Tips für die Praxis: Früchte und Beeren

Obst und Beeren werden in kochendheißem Wasser kurze Zeit oder über Nacht in lauwarmem Wasser aufgeweicht. Nach langer oder fehlerhafter Lagerung müssen sie manchmal einige Minuten gekocht werden.
(Fruchtstücke können noch mehr zerkleinert werden.)
Zum Frühstück kann man sie mit Rahm oder Sauermilch essen oder mit Müsli.
Wenn Sie Nüsse dazugeben, haben Sie eine gute Zwischenmahlzeit. Als Fruchtsalat oder als Nachspeise mit Schlagsahne (Obers) oder Eiscreme servieren.
Aus getrockneten Früchten und Beeren kann man auch Cremen, Kompotte oder Suppen zubereiten.
Sie können sie auch pürieren und als Marmelade verwenden.
Man kann auch gehackte Nüsse, kleine Aprikosenstückchen oder Datteln in die Creme mischen.
Das übriggebliebene Einweichwasser ist ein guter Saft.
Eingeweichte Früchte kann man auch mixen, passieren, verdünnen und als Juice trinken. Nach Bedarf mit Honig oder Rohzucker süßen.

Quarkdessert (Topfendessert)

Obst und/oder Beeren entweder in heißem Wasser einweichen, ein paar Minuten kochen oder über Nacht in lauwarmem Wasser einweichen.
Obst und Beeren mit Quark in der gewünschten Menge mischen.
Sonnenblumenkerne, gehackte Mandeln oder Nüsse darüberstreuen. Das Einweichwasser kann als Sauce serviert werden.

Pies (*gedeckte Kuchen*) *aus getrocknetem* Obst *und getrockneten* Beeren

Nehmen Sie eine hohe Form (Pie-Form).
Geben Sie Obst und/oder Beeren hinein, eventuell auch gehackte Nüsse. Nach Bedarf mit etwas Honig süßen.
Meine Mischungen:

1. Pflaumen, Bananen, Birnen
2. Äpfel und ein paar Aprikosen
3. Bananen, Nüsse und Ebereschenbeeren (Vogelbeeren)

Mit kochendem Wasser übergießen.
Dann mit einer Schicht Mürbteig bedecken.
Hier zwei Varianten meiner Mürbteige, die dafür gut geeignet sind:

Mürbteig Nr. 1

Er ist knusprig und sättigend.
35 g Pflanzenfett
1½ El. Grahammehl
3 El. Weizen- oder Hafermehl
1–2 Tl. Honig oder Rohzucker
3 El. Sonnenblumenkerne oder grob gehackte Nüsse
Vermischen und über die Früchte verteilen.
Bei 225 °C backen.

Mürbteig Nr. 2

Ein Mürbteig, der im Mund zergeht.
50 g Pflanzenfett
2 El. Weizenmehl
½ dl geriebene Mandeln oder Cashewnüsse vermischen und auf den Früchten verteilen.
Bei 225 °C backen.
Auf die gleiche Art können Sie Pies aus Heidelbeeren, Erd-

beeren, Pfirsichen, Stachelbeeren, Rhabarber u. a. zubereiten. Rhabarber muß man mit mehr Wasser als die meisten anderen Früchte einweichen.

Obst im Crêpe-Teig

Apfelscheiben kurz in heißes Wasser legen. Absieben und abtrocknen. Einen festen Crêpe-Teig (Eierkuchenteig) herstellen.
Zutaten:
Einweichwasser vom Obst
Ein wenig Schlagsahne (Obers)
Weizenmehl
Nuß- oder Mandelpulver
Geriebene Orangen- oder Zitronenschale.
Die Apfelstücke eintauchen und im heißen Öl herausbacken.
Auf Haushaltspapier abtropfen lassen.
An Stelle von Äpfeln kann man auch Zwetschgen, Birnen, Pfirsiche, Bananen usw. nehmen.

Apfeleis

Dieses Eis wird leicht hart, auch wenn man oft umrührt. Aber es ist gut und frisch im Geschmack. Vor dem Anrichten bei Zimmertemperatur ein bißchen antauen lassen.
Wenn Sie »gewöhnliches Eis« haben wollen, geben Sie Eier dazu wie bei anderen Eisrezepten.
Einweichen:
3 dl Äpfel mit heißem Wasser bedecken. Auskühlen lassen.
½ dl gutes Öl dazugeben.
Honig nach Geschmack, eventuell ein wenig Zitronensaft und je nach Geschmack auch Schlagsahne (Obers).
Alles zusammen mixen, so daß ein Püree entsteht.
Eventuell Wasser dazugeben. In eine Dose füllen und in den Gefrierschrank stellen.

Während des Gefrierens immer wieder mit dem Schneebesen durchschlagen.

Variation: Gehackte Mandeln und kleine, eingeweichte Melonenstückchen und schwarze Johannisbeeren dazumischen.

Bäckereien

Obsthäufchen (*ca.* 35 *Stück*)

3 dl Bananenscheiben
3 dl Milch (oder verdünnte Sahne)
4 dl Apfelstücke
100 g Pflanzenfett
¾ dl Honig oder Rohzucker
2 dl Nüsse oder Mandeln
3 dl Grahammehl
2 dl Weizenmehl
3 Tl. Backpulver

Die Bananen mindestens eine halbe Stunde in der Milch einweichen, die Äpfel eine halbe Stunde lang in heißem Wasser, knapp bedeckt. Dann die Bananen mixen und mit dem überschüssigen Apfelsaft, dem geschmolzenen, abgekühlten Fett, den gemahlenen Nüssen und dem Honig zu einem glatten Püree mixen.

Das Mehl mit dem Backpulver in einer Schüssel vermischen. Zuerst das Püree dazurühren und zum Schluß die Apfelstückchen dazugeben. Den Teig in Häufchen auf das Backblech geben und bei 200 °C 15–20 Minuten backen.

Obstkuchen

4 dl Birnen, Äpfel und Zwetschgen in 3,5 dl Wasser einweichen.
Absieben, wenn die Früchte vollgesogen sind.
Arbeiten Sie folgende Zutaten zu einem Teig:
1½ dl Einweichwasser und Wasser
100 g Pflanzenfett
2 dl Weizenmehl
2 dl Grahammehl
2 dl Sesam
2 El. Obstessig
1 Tl. Honig
Geben Sie den Teig ca. 1,5 cm hoch in eine feuerfeste Form oder auf ein Backblech. Bei 225 °C etwa 15 Minuten backen. Auskühlen lassen.
2 dl Bananen mit Wasser bedecken und weichen lassen. Dann zu einem Püree mixen. Die Fruchtstücke daruntermischen.
Machen Sie eine Art »Paste« aus:
125 g Margarine
½ dl Grahammehl
1 El. Honig (je nach Geschmack)
2½ dl Sesam
Geben Sie die Obstmischung über den gebackenen Teig, und verteilen Sie die Paste darüber.
Dann überbacken Sie alles ca. 5 Minuten bei 250 °C.
Servieren Sie diesen Obstkuchen mit Schlagsahne (Obers).

Varianten:

1. Verwenden Sie andere Früchte.
2. Probieren Sie es einmal mit Beeren.
3. Statt der Paste können Sie einen Mürbteig über das Obst geben.
4. Nehmen Sie einen anderen Teig:
   150 g Margarine

1 dl Nüsse
2 dl Grahammehl
2 El. Obstessig
1 El. Honig oder Rohzucker

Die Zutaten mischen, wie oben beschrieben verarbeiten und bei 225°C im Backrohr ca. 10 Minuten backen.

Saucen

Zuerst zwei Rezepte für dicke, sättigende Saucen à la »Spaghettisauce«. Die Reste davon eignen sich für warme Brotaufstriche.

Zwiebel-Pilz-Sauce

Erhitzen Sie:
1 dl Wasser
2 El. Öl
Geben Sie dazu
1 dl Zwiebeln
Köcheln lassen, bis die Zwiebeln die Flüssigkeit aufgenommen haben.
Geben Sie noch dazu:
3 dl kaltes Wasser
2 El. Pilzpulver
2 El. zerriebene Petersilie
1 Tl. Thymian
1 Tl. Basilikum
½ Tl. Suppenwürze
1 El. Kartoffelpulver
Langsam aufkochen und 15 Minuten ziehen lassen.

Tomaten-Paprika-Gemisch

Erhitzen Sie:
1 dl Wasser
2 El. Öl
Geben Sie dazu:
1 dl Zwiebeln
Köcheln lassen, bis die Flüssigkeit aufgesaugt ist.
Noch dazugeben:
3 dl heißes Wasser
½ dl kleingeschnittene Tomaten
½ dl geschnittene Paprika
1 Tl. Estragon
1 Tl. Dill
1 Tl. Suppenwürze
Lassen Sie dieses Gemisch längere Zeit ziehen. Es wird dadurch immer besser.
Zwei weiße Saucen als Ergänzung zu warmen Gerichten:

Lauchsauce

Bringen Sie 2½ dl Wasser zum Kochen.
Fügen Sie hinzu:
¾ dl Lauch
1 Tl. Pastinakblätter
1 Tl. Kerbel
1 Tl. Thymian
Kurz stehenlassen.
Ein wenig binden, z. B. mit Pfeilwurzmehl. Aufkochen lassen.
Dann würzen und mit saurer Sahne (Rahm) verfeinern.
Variation: Diese Sauce kann man zum Gratinieren oder als kalte Sauce verwenden. Man kann sie auch verdünnt als Suppe essen.

Gurkensauce

Kochen Sie 2½ dl Wasser auf.
Geben Sie ½ dl Gurken dazu, und lassen Sie alles einige Minuten kochen.
Fügen Sie hinzu:
½ Tl. Dill
2 Tl. Petersilie
Einige Minuten ziehen lassen. Eventuell etwas binden. Aufkochen. Mit saurer Sahne (Rahm) verfeinern.
Variation: Wie die Lauchsauce zubereiten.

Dessertsaucen

Obst oder Beerensaucen für den Nachtisch sind schnell und leicht herzustellen. Getrocknete Früchte und/oder Beeren einweichen. Mixen. Zum Binden eventuell etwas gemahlene Leinsamen dazugeben. Probieren Sie verschiedene Variationen aus!

Brotbeläge und Aufstriche

Unter Brotbelägen und Aufstrichen verstehen wir im allgemeinen kaum mehr als Käse, Wurst, Marmelade, Leberpastete und Quarkaufstriche (Topfenaufstriche). Da es aber immer mehr Vegetarier gibt, ist es an der Zeit, mit neuen Ideen zu kommen.
Ich beschreibe verschiedene Aufstriche, die man auf Zwieback, Kekse, Knäckebrot, Fladenbrot, Früchtebrot und andere Brotsorten streichen kann. Die süßen Aufstriche schmecken auf Zwieback und Keksen besonders gut.
Zuerst einige Vorschläge für Kräuterbutter, die, wie ich hoffe, zu weiteren Variationen inspirieren. Kräuterbutter schmeckt

auf Knäckebrot, Zwieback und anderen Broten gut, aber vorzüglich auf selbstgebackenem Brot! Auf vegetarische Laibchen oder ins heiße Kartoffelpüree kann man ein Stückchen Kräuterbutter geben. Der Geschmack »reift« von Tag zu Tag und wird voller und immer besser.

Kräuterbutter Nr. 1

Sie hat einen vollen und zu vielen Gerichten passenden Geschmack.
1 Prise Koriander
½ dl feingeschnittenen Lauch
1 El. Dill
1 dl zerriebene Brennessel
1 El. Majoran
2 Tl. Pfefferminze
1 Tl. Liebstöckel
½ dl Petersilie
Alles mit 1 dl heißem Wasser übergießen, umrühren und auskühlen lassen. Dann mit 400 g Pflanzenmargarine zu einer glatten Masse verrühren. Zum Schluß noch
1 Tl. Salz und
2 El. Obstessig einarbeiten.

Kräuterbutter Nr. 2

Für Knoblauchliebhaber!
400 g Pflanzenmargarine
4 gepreßte Knoblauchzehen
2 El. Estragon
2 El. Dill
2 El. Obstessig
gut verrühren!

Kräuterbutter Nr. 3

Sie ist mild, schmeckt aber nicht fad!
2 El. Majoran
1½ Tl. Liebstöckel
2 dl Salbeiblätter zerreiben, mit 1 dl heißem Wasser übergießen, etwas stehenlassen, dann mit 400 g Pflanzenmargarine gut verrühren. 1 Tl. Salz dazugeben.

Nußpaste

2 dl geriebene Haselnüsse
2 dl pulverisierte Sonnenblumenkerne (eventuell Cashewnüsse oder Mandeln)
1 Tl. gemahlener Fenchel
1 Prise Meersalz
1 Tl. Rohzucker
2 Prisen Ingwer
1½ El. Basilikum
2 Tl. Liebstöckel
½ dl Weizenkeimöl
¾ dl Sonnenblumenöl
Alles mischen und glattrühren, eventuell mehr Öl dazugeben. Diese Nußpaste ist im Kühlschrank mehrere Wochen gut haltbar. Der Geschmack erreicht nach drei Wochen seine volle Intensität!

Pastete fürs Butterbrot

2 dl Sonnenblumenkerne, pulverisiert
2 El. Linsenpulver
1½ El. Pilzpulver
½ dl Petersilie
½ El. Basilikum
½ El. Kerbel

½ El. Majoran
½ El. Suppenwürze
2 dl kaltes Wasser
Alles gut vermischen und bis zum Siedepunkt erhitzen. Bei Bedarf ein wenig Öl dazugeben.
In solche Pasteten kann man auch Reste einer Pilzsauce, gekochten Reis, Getreide und Kartoffelbrei mischen.

Pilzpastete (mild)

1 dl Cashewnüsse, pulverisiert
½ dl Hafermehl
4 El. Pilzpulver (z. B. von Champignons)
1 Tl. Bohnenkraut
1 Tl. Kerbel
1 Prise Liebstöckel
1 Tl. Gewürzsalz
2 dl Wasser
Alles gut mischen und bis zum Siedepunkt erhitzen. Nach Belieben etwas Öl dazugeben.

Quark (Topfen) mit Kräutern

Quark (Topfen) mit Kräutern kann man unendlich variieren. Ein Beispiel: Schnittlauch und Majoran in heißem Wasser einweichen. Nach dem Abkühlen mit dem Quark (Topfen) und etwas Kräutersalz verrühren. Statt Schnittlauch und Majoran kann man auch Bohnenkraut und Dill, Lauch und Basilikum, Thymian und wilde Kräuter hinzufügen. Wie gesagt, es gibt viele Variationen!

Hagebuttenmarmelade

1½ dl Hagebuttenmehl
2½ dl heißes Wasser (ev. mehr)

2 El. Honig, je nach Geschmack
Verrühren. Die Marmelade schmeckt gut als Aufstrich für Kekse, Zwieback und Brot. Man kann sie aber auch zum Füllen von Kuchen und Torten verwenden.

Obstmus

1½ dl zerriebene Zwetschgen
2 dl zerriebene Äpfel
½ dl zerriebene Ebereschen (Vogelbeeren)
1 dl zerriebene Cashewnüsse
3 El. Honig (je nach Geschmack)
3 dl heißes Wasser.
Alles gut vermischen. Sie können auch die Zutaten zuerst einweichen und dann mixen, statt sie vorher zu pulverisieren. Dieses Mus ist sehr haltbar, da die Vogelbeeren konservierend sind. Man kann an Stelle von Äpfeln auch Birnen nehmen.

Mus aus Ebereschen (Vogelbeeren) und Kokosflocken

1 dl zerriebene Vogelbeeren
1 dl Cashewnüsse, zerrieben
1–2 dl Kokosflocken
1½ dl heißes Wasser
1–2 El. Honig, je nach Geschmack
Gut vermischen. Auch hier kann man die Zutaten vorher einweichen und dann mixen.

Marmeladen und Eingemachtes

Heidelbeermarmelade

Geben Sie Heidelbeeren mit etwas Honig in eine Schüssel. Gießen Sie heißes Wasser darüber, bis alles knapp bedeckt ist. Stehenlassen, bis die Beeren weich sind. Rühren Sie mit einem Kochlöffel um, und zerdrücken Sie die Beeren.
Wenn die Beeren dann noch zu hart sind: mixen oder einige Minuten kochen.

Zwetschgenmarmelade

Zwetschgen in heißem Wasser einweichen. Mit etwas Honig süßen. Stehenlassen, bis sie weich sind. Eventuell mixen.

Eingemachte Preiselbeeren

Die einzige Schwierigkeit bei eingemachten Preiselbeeren ist, daß das Pektin während des Trocknens und Lagerns »überreif« werden kann und nicht mehr geliert. Man kann dem schnell mit einer kleinen Menge pulverisiertem Leinsamen abhelfen.
Wie Heidelbeeren verarbeiten.
Variation: Es kann für den Geschmack vorteilhaft sein, wenn man einen Teil Preiselbeeren und zwei bis drei Teile Äpfel oder Birnen nimmt.
Das sind Grundrezepte für Marmeladen aus Obst und Beeren. Machen Sie es mit Äpfeln, Himbeeren, Stachelbeeren, Weinbeeren und Kirschen ebenso. Mit ein wenig pulverisiertem Leinsamen kann man die Marmeladen leicht eindicken. Leinsamen ist fast geschmacklos.
Wie Sie gemerkt haben, sind diese Marmeladen nicht gekocht, und die Früchte schmecken daher wie frisch! So kön-

nen Sie es auch machen: Zuerst pulverisieren, dann heißes Wasser dazugeben und süßen. Sehr praktisch auf Reisen! Wenn man diese Marmeladen verdünnt, kann man sie als Kompott essen!

Säfte und Juice

Preiselbeersaft

Einweichen:
1 dl Preiselbeeren in
1 dl heißem Wasser
Zusatz:
2 Tl. Honig
Mixen. Eventuell durchsieben. Dann mit mindestens 7 dl Wasser auffüllen. Kühlen!

Heidelbeersaft

Einweichen:
1 dl Heidelbeeren in
2 dl heißem Wasser
Dann mit mindestens 8 dl Wasser auffüllen. Mit Honig süßen. Kühlen.

Ebereschensaft (Vogelbeersaft)

In heißem Wasser einweichen:
1 dl Ebereschen
Zusatz:
Honig nach Geschmack, ein wenig Zitronensaft.
Mixen, durchsieben. Mit Wasser auf ca. 1 Liter verdünnen.
Aus getrockneten Früchten und Beeren kann man die ver-

schiedensten Getränke herstellen: z. B. Erdbeer-, Kirsch-, Melonen-, Pfirsich-, Zwetschgen-, Birnen-, Rhabarbersaft und viele andere.
Diese Säfte können Sie je nach Geschmack konzentriert oder verdünnt herstellen. Sie können sie auch mischen. Ich empfehle z. B. einen dicken Pfirsich- oder Erdbeerjuice. Er wirkt wie ein Hauch Sommer an kalten Wintertagen! Auch Gurkensaft kann man auf diese Weise herstellen.
Bergsteiger, Camper und Wanderer werden auf diese Art hergestellte Getränke besonders schätzen. Pulver in die Thermosflasche, mit heißem Wasser übergossen: herrlich für den Sonntagsausflug!

Bananenmilch

Einweichen:
1 dl Bananen
Dazugeben:
1 dl Milch
Nach ½–1 Stunde zu einem glatten Püree mixen.
Dann:
3 dl kalte Milch und
2 dl Vanilleeis dazugeben.
Wieder mixen.
Variationen: Anstelle von Bananen kann man auch Hagebutten, Zwetschgen, Äpfel und Heidelbeeren verwenden.

Gesunde Naschereien

Warnung: Essen Sie nie zu viel von den getrockneten Naschereien!
»Chips« kann man fast von allen Früchten, die nicht zu viel Zucker enthalten, herstellen. Das wichtigste ist, daß man

dünne Scheiben schneidet und diese trocknet, bis sie knusprig sind. Chips kann man z. B. aus Äpfeln, Bananen, Birnen, aber auch aus Zwiebeln, Gurken und Pastinak machen. Auch Kürbiskerne schmecken gut.

»Bonbons«

Das sind kleine Stücke von getrockneten süßen Früchten wie Melonen, Bananen, Ananas, süßen Zwetschgen oder Birnen.
Kirschen werden ganz oder halbiert, aber ohne Kerne getrocknet. Kleine und große Trauben trocknet man zu Rosinen.
Alles wird getrocknet, bis es zäh und lederartig ist. Aus welchen Früchten man »Bonbons« machen will, bleibt der Phantasie überlassen.

Ratschläge für die Herstellung von Naschereien

Für die Zubereitung der Naschereien legen Sie auf die Trokkenroste geöltes Backpapier, damit die Früchte und Beeren mit dem süßen Saft nicht ankleben. Bedecken Sie aber jeden Rost nur zu zwei Drittel, damit die Luftzirkulation gewährleistet bleibt.
Die Trockentemperatur liegt immer bei maximal 50°C.
Wenn die Stücke beim Lagern weicher geworden sind, können sie durch neuerliches Trocknen wieder härter gemacht werden. Alles, was hart bleiben soll, muß luftdicht aufbewahrt werden. Gesunde Naschereien gelingen mit getrockneten Früchten ebensogut wie mit frischen Früchten.
Wenn die Früchte zu sauer sind, können sie mit Honig oder süßen Früchten und Beeren – Datteln, Aprikosen, Rosinen, süßen Birnen oder Bananen – gesüßt werden. Zuerst einweichen und, wenn gewünscht, mixen.
Pulverisierte Leinsamen eignen sich am besten zum Eindikken von zu dünn geratenem Fruchtmus, das so dick sein soll wie ein Püree.

Leinsamen sind nahezu geschmacklos und verändern nichts am Obstgeschmack.
Beeren enthalten in der Regel mehr Flüssigkeit als Obst. Sie lassen sich gut mit Äpfeln mischen, die genug eigenes Pektin enthalten. Man kann Beeren gut mit Bananen mischen. Ein Verhältnis von 50:50 ergibt die beste Mischung.
Verwendet man Beeren mit größeren Samenkörnern, so mixt man sie zuerst und preßt sie durch ein Sieb, um die Kerne zu entfernen.

Grundrezept

Äpfel schälen und das Kerngehäuse entfernen. In Stücke schneiden. Ein bißchen Wasser in den Mixer gießen, die Apfelstücke hineinlegen und zu einem dicken Brei pürieren. Leicht eingeöltes Backpapier auf den Trockenrost legen und den Brei ca. 0,5 cm dick daraufstreichen. Bei 50 °C trocknen.
Dieses Grundrezept können Sie unbeschränkt variieren. Sie werden bald Ihr eigenes Lieblingsrezept haben.
Auf die gleiche Art können Sie mit Zwetschgen, Pfirsichen, Birnen, Bananen, Melonen und Beeren verfahren. Sie können die Sorten auch mischen.
Zuerst die saftigen Früchte mixen, dann brauchen sie eventuell kein Wasser mehr. Wenn der Brei zu dünn wird, mit Leinsamen binden.

Mehrere Variationen:

1. Rosinen oder Datteln in so viel Wasser einweichen, daß sie bedeckt sind. Mit Apfelstückchen mixen und wie oben beschrieben weiterverarbeiten.
2. Etwas würzen, z. B. mit Koriander oder Vanille.
3. Man kann auch Honig dazumischen.
4. Zitronen oder Obstessig verbessern oft den Geschmack.

Naschereien aus Fruchtstückchen

Gehackte und getrocknete Früchte mit Wasser bedecken. Weichen lassen. Sie können von allem ein bißchen verwenden: Zwetschgen, Pfirsiche, Rosinen, Erdbeeren, Datteln, Ebereschen und Bananen. Nehmen Sie ca. 3 dl gehackte, eingeweichte Früchte, und mischen Sie sie mit 1,5 dl gehackten Nüssen. Mixen Sie die Äpfel wie im Grundrezept, und geben Sie 2 dl davon zur Früchte-Nuß-Mischung. Etwa 1 cm dick auf ein leicht geöltes Backpapier aufstreichen. Wenn die Oberfläche trocken ist, das Papier entfernen, den Kuchen wenden und das Trocknen fortsetzen. In Stücke schneiden und weiter trocknen.

»Kuchen«

Zu Püree mixen:
¾ dl Öl
1 El. Honig, je nach Geschmack
3 frische Äpfel, in Stücke geschnitten
ein wenig Zitronensaft, eventuell ein bißchen Wasser
In das Püree einrühren:
3 dl Haferflocken
1 dl Sonnenblumenkerne
1 dl gehackte Datteln oder Rosinen
Diese Paste mindestens ½ Stunde quellen lassen und dann kleine Häufchen auf leicht geöltes Backpapier geben. Trocknen lassen.
Ob Sie sie härter oder weicher haben wollen, bleibt Ihrem Geschmack überlassen. Wenn sie weich sind, sollten sie im Kühlschrank aufbewahrt werden.
Variationen:
1. ½ dl gemahlene Leinsamen dazugeben.
2. 1 dl gehackte Nüsse dazugeben.
3. gemahlenen Koriander dazugeben.

Sesam-Bananen-Stücke

Zwei frische Bananen mit etwas Zitronensaft mixen. Bananenmus und Sesam zu gleichen Teilen mischen. Auf geöltem Backpapier ca. 0,5 cm dick aufstreichen.
Bei maximal 50 °C trocknen. Wenn die Oberfläche trocken ist, das Papier entfernen. Den Kuchen wenden und noch ein wenig weitertrocknen.
In Stücke schneiden und dann fertigtrocknen.
Variationen:
1. Nehmen Sie Orangen- statt Zitronensaft.
2. Nehmen Sie Sonnenblumenkerne oder gehackte Nüsse als Ersatz für einen Teil Sesam.

Sesam-Kürbiskern-Stücke

Mischen Sie:
3 El. Honig
¼ dl heißes Wasser
Geben Sie dazu:
½ dl Datteln (gehackt, eingeweicht und abgetropft)
1 dl Kürbiskerne
2 dl Sesam
Alles mischen und 0,5 cm dick auf geöltem Backpapier glattstreichen. Bei 50 °C trocknen. Wenn die Masse fest ist, das Papier entfernen. In Stücke schneiden und dann fertigtrocknen.
Variationen:
1. Nehmen Sie Sonnenblumenkerne oder gehackte Nüsse anstelle von Kürbiskernen.
2. Nehmen Sie Rosinen oder kleine Fruchtstücke anstelle von Datteln.

Gewürzte »Chips«

Frische Tomaten und Hüttenkäse (Quark/Topfen) mit einem Hauch Chili-Pfeffer-Pulver glatt verrühren. Nehmen Sie mehr Quark als Tomaten, damit die Masse nicht zu dünn wird. Auch ein wenig Basilikum und Thymian dazugeben.
Mit einem Teelöffel kleine Häufchen auf geöltes Backpapier geben. Sie zerfließen zu dünnen »Chips«. Bei 50°C trocknen, bis sie knusprig sind.

Tomatenchips

Tomaten waschen und in Stücke schneiden.
Zu Püree mixen.
Mit Hilfe von zwei Teelöffeln kleine Häufchen auf geöltes Backpapier plazieren. Sie zerfließen und werden nach dem Trocknen leckere, knusprige »Chips«.

Gewürzkräuter, Bouillonpulver, Suppenwürze

Gewürze selber machen geht schnell und macht noch dazu Spaß.
Wenn man noch nicht so viele Gewürzkräuter kennt, soll man mit dem Würzen eher zurückhaltend sein. Denn Salbei oder Liebstöckel z. B. können recht aufdringlich schmecken.
Das Pulverisieren von Gewürzen spart viel Platz. Denken Sie auch daran, daß Sie damit immer ein Mitbringsel aus selbstkomponierten Gewürzen auf Lager haben! Viele freuen sich darüber mehr als über Blumen.

Gewürzmischung Nr. 1	*Gewürzmischung* Nr. 2
1 dl Pastinak	2 dl Petersilie
1 dl Basilikum	1½ dl Sellerieblätter
1 dl Majoran	½ dl Thymian
1 dl Kerbel	½ dl Basilikum
¾ dl Thymian	½ dl Zitronenmelisse
1 El. Liebstöckel	1 El. Salbei
1 El. Estragon	

Alles pulverisieren. Eventuell ein bißchen Öl einarbeiten. Wenn gewünscht, kann etwas Salz beigemengt werden.

Gewürz von Stielen

Warum sollen wir auf den feinen Geschmack und Duft, den die Stiele enthalten, verzichten? Entweder man kocht sie in den Speisen mit, oder man pulverisiert sie.

E*in Vorschlag*: Ca. 5 Teile Petersilstengel
1 Teil Dillstengel

Ein paar andere Stengel, z. B. von Rosmarin oder Basilikum, pulverisieren und eventuell sieben. Mit Öl und/oder Salz vermischen, je nach Geschmack.

Dieses Gewürz soll vor allem nach Petersilie und Dill schmekken. Die anderen Gewürze runden das Ganze ab. Ich garantiere, daß Sie diese Komposition oft verwenden werden!

Bouillonpulver

Zuerst glaubt man, daß die Menge riesig ist. Aber dann, nachdem die Kräuter mit ein wenig Öl zu einem lockeren Gemisch verrührt wurden, erhält man nicht mehr als 1 Liter Bouillonpulver.

¾ dl Sellerieknollenpulver
¾ dl Steckrübenpulver
¾ dl Karottenpulver (Möhren)

¾ dl Zwiebelpulver
½ dl Paprikapulver
½ dl Tomatenpulver
½ dl Pilzpulver
Folgende Kräuter pulverisieren (zerreiben):
2 dl Petersilie
2 dl Dill
2 dl Brennessel
1 dl Kerbel
1 dl Basilikum
1 dl Thymian
½ dl Rosmarin
Alles gut vermischen. Ein bißchen Öl beimengen. Man kann Salz dazugeben. Ich würde es aber zuerst ohne Salz ausprobieren! Das ist ein Vorschlag. Sein eigenes Bouillonpulver zu komponieren, regt jeden zu neuen Einfällen an.

Paprikapulver

Getrocknete rote Paprika (nicht blanchiert) können zu einem herrlichen Paprikapulver zermahlen werden. Geschmack, Farbe und Aroma sind optimal. Auch aus grünem Paprika läßt sich Pulver herstellen.

Tomatenpulver

Tomaten waschen und putzen. In Stücke schneiden und im Mixer pürieren. Das Püree dünn auf leicht geöltes Backpapier streichen. (Siehe Anleitung bei »Gesunde Naschereien« Seite 142). Bei maximal 50°C trocknen. Wenn der Brei fest ist, das Papier entfernen und fertigtrocknen. Die Masse soll ziemlich trocken sein. Die Trockenzeit ist lang: 10 bis 12 Stunden. Dann pulverisieren. Für Suppen, Saucen, Juice usw. verwenden.
Tomatenpulver ist eine ausgezeichnete Würze für viele Gerichte und auch auf Reisen zu verwenden.

Eine Augenweide für den Winter

Trocknen wilder Blumen

Getrocknete Blumen sind wieder zunehmend beliebt: Heidekraut in einem Kupferkessel oder Wucherblumen in einem Holzbottich. Es gibt natürlich viele Variationen. Da kann jeder seiner Phantasie freien Lauf lassen und nehmen, was Wald und Wiese bieten. Natürlich soll man mit der Natur schonend umgehen. Im Kapitel »Wilde Pflanzen und Kräuter« (Seite 91) habe ich darüber schon berichtet.
In bestimmten Gegenden war es früher ein Brauch – vielleicht gilt das dort und da auch heute noch –, große Sträuße von Hahnenfuß auf die alten Bauernkästen zu legen und so zu verteilen, daß die Blumen über die Kanten hingen. Sie trockneten, und man hatte während des ganzen Winters eine Erinnerung an Sommerwiesen, Sonne und Wärme.
Eine andere Art, all die schönen Blumen zu erhalten: Binden Sie einen Kranz, und lassen Sie ihn trocknen. Hängen Sie ihn an die Haustüre oder ins Fenster. Warum nicht einen solchen Kranz oder ein Arrangement aus Trockenblumen anstelle von frischen Schnittblumen verschenken?
Ein Armvoll getrockneter Blumen in einem alten Luster aus Eisen kann ein schöner und anregender Blickfang während des Winters sein.
Heidekraut paßt nicht nur in Kupferkessel, sondern kann überall und in allen Gefäßen ein Farbakzent sein. Die lilafarbenen Skabiosen, die wie Schnittlauchblüten aussehen, sehen in einem Messingefäß besonders hübsch aus, eventuell zusammen mit Steinklee und Wiesenflockenblumen.

Zierliche Gräser und Rispen schauen in verschiedensten Gefäßen und Glasvasen gut aus. Machen Sie kleine Sträuße oder größere Blumenarrangements, und stellen Sie sie in Körbe, Krüge und Dosen aus Keramik, Holz, Glas oder Metall. Bevor Sie Blumen arrangieren, müssen diese trocken sein. Wenn Sie sie gleich in Vasen stellen, lassen sie die Köpfe hängen.

Zum Trocknen braucht man Gummiringe oder feste Schnüre und eine Stange oder eine Leine, um die Sträuße daran aufzuhängen. Entfernen Sie überflüssige Blätter, und machen Sie kleine Sträuße mit nur wenig Blumen. Dann umwickeln Sie die Stiele fest mit einem Gummiring oder mit einer Schnur. Das feste Binden ist wichtig, weil die Stiele beim Trocknen schrumpfen und dadurch herausfallen können. Machen Sie eine Schlaufe zum Aufhängen des Straußes.

Hängen Sie die Sträuße mit Hilfe von Wäscheklammern auf ausgespannte Leinen oder Stäbe an einem warmen, luftigen, trockenen Platz. Wenn Sie ein Fenster haben, wo die Sonne nicht hinkommt, können Sie die Vorhänge abnehmen und die Sträuße an der Gardinenstange befestigen. Wenn die Gardinenringe Klammern haben, können Sie damit die Stiele festhalten. Hängen Sie z. B. abwechselnd Leinkraut und Knollen-Spierstaude auf. Möglicherweise sind Sie von dieser »Gardine« so begeistert, daß Sie diese den Winter über als »Augenweide« hängen lassen!

Welche Blumen eignen sich am besten zum Trocknen?

Probieren Sie's mit diesen:

Witwenblumen finden Sie auf Wiesen und Äckern, im Wald und an Wegrändern. Steinklee wächst in Steinbrüchen, auf trockenen Wiesen und sonnigen Unkrautfluren. Heidekraut finden Sie auf Heiden, trockenen Wiesen und an Wegrändern. Fast überall können Sie Leinkraut, Schafgarben, Disteln, Krausen, Ampfer, Ähren und schöne Gräser finden.

Winterstauden

Das sind alle trockenen Samenträger, die im Herbst und im Winter auf den Wiesen und Wegrändern stehenbleiben:
Die Winterstauden müssen natürlich nicht mehr getrocknet werden. Das hat die Natur ja schon besorgt. Das Pflücken ist allerdings nicht einfach.
Wenn diese Gewächse unter Naturschutz stehen, dann sind auch die Winterstauden geschützt! Sie enthalten ja die Samen, die das Bestehen dieser Pflanzen sichern.
Ein Pflanzenführer hilft da meistens wenig. Sie müssen sich im Sommer z. B. das Johanniskraut sehr gut anschauen, um es dann im Spätherbst wiederzuerkennen.
Einige Beispiele für Winterstauden: Flockenblume, Blutkraut, Beifuß, Johanniskraut, Filzklette, Hohe Zackenschote, Rohrkolben, Blutauge, Wolfsmilch, Pfennigkraut, Skabiose, Schafgarbe, Mauerlattich, Krauser Ampfer, Goldfelberich, Ackersenf, Mädesüß usw.
Pflücken Sie die Stauden nur, wenn es mehrere Tage nicht geregnet hat und das Wetter trocken ist.
Mischen und arrangieren sie alles in Krügen, Dosen und Körben.

Energie und Nährstoffwert pro kg eßbarem Teil

		Karotten (Möhren)[3] * tiefgekühlt	Karotten (Möhren) getrocknet	Zwiebeln getrocknet	Tomatenjuice getrocknet	Bohnen weiß, getrocknet	Bohnen weiß, getrocknet, gekocht, ungesalzen	Linsen getrocknet	Linsen gekocht, getrocknet	Heidelbeeren getrocknet	Bananenpulver Bananen getrocknet	Zwetschgen getrocknet[1]	Hagebutten ohne Samen getrocknet	Pfirsiche getrocknet	Birnen getrocknet	Äpfel[2]	Äpfel getrocknet
Energie	MJ	1,8	14,3	14,6	12,7	14,2	4,9	14,2	4,4	13,0	14,2	10,7	15,0	11,0	11,2	2,4	11,5
Energie	*kcal*	420	3410	3500	3030	3400	1180	3400	1060	3100	3400	2550	3580	2620	2680	580	2750
Wasser	*g*	882	40	40	10	109	690	111	720	130	30	280	91	250	260	844	240
Asche	*g*	8	70	39	170	39	14	30	9	16	32	19	54	29	18	3	16
Protein	*g*	11	66	87	116	223	78	247	78	46	44	21	37	31	31	2	10
Fett	*g*	2	13	13	22	16	6	11	Spuren	10	8	6	14	7	18	6	16
Kohlehydrate	*g*	97	811	821	682	613	212	601	193	687	886	674	804	683	673	145	718
Aktives Karotin	*mg*	98,30	600,00	1,20	78,60			0,36	0,12	1,50	4,57	9,60		23,40	0,42	0,54	
		*97,50															
Retinoläquivalent	*mg*	16,40	100,00	0,20	13,10			0,06	0,02	0,25	0,76	1,60		3,90	0,07	0,09	
Ascorbinsäure	*mg*	80	150	350	2390					30	70	30	2700	180	70	100 (14-405)	100
Thiamin (B_1)	*mg*	0,6	3,1	2,5	5,2	6,5	1,4	3,7	0,7	0,2	1,8	0,9		0,1	0,1	0,3	0,6
Riboflavin (B_2)	*mg*	0,5	3,0	1,8	4,0	2,2	0,7	2,2	0,6	1,0	2,4	1,7		1,9	1,8	0,2	1,2
Niacin (Nikotinsäure)	*mg*	6	30	14	135	24	7	20	6	15	28	16		53	6	1	5
Niacinäquivalent	*mg*	8	41	29	154	61	20	61	19	23	35	20		58	11	1	7

		Karotten (Möhren)[3] * *tiefgekühlt*	*Karotten (Möhren) getrocknet*	*Zwiebeln getrocknet*	*Tomatenjuice getrocknet*	*Bohnen weiß, getrocknet*	*Bohnen weiß, getrocknet, gekocht, ungesalzen*	*Linsen getrocknet*	*Linsen gekocht, getrocknet*	*Heidelbeeren getrocknet*	*Bananenpulver Bananen getrocknet*	*Zwetschgen getrocknet*[1]	*Hagebutten ohne Samen getrocknet*	*Pfirsiche getrocknet*	*Birnen getrocknet*	*Äpfel*[2]	*Äpfel getrocknet*
Vitamin B_6	*mg*	1,5		5,0		5,6		6,0								0,3	
Kalzium (Ca)	*mg*	370	2560	1660	850	1440	500	790	250	1400	320	510	3100	480	350	70	310
Phosphor (P)	*mg*	360	2340	2730	2790	4250	1480	3770	1190	1200	1040	790	1230	1170	480	100	520
Eisen (Fe)	*mg*	7	60	29	78	78	27	68	21	48	28	39	26	60	13	3	16
Magnesium (Mg)	*mg*	230	730	1060		1700		800			1320	400		480	310	80	220
Natrium (Na)	*mg*	470	2680	880	39340	190	70	300			40	80		160	70	10	50
Kalium (K)	*mg*	3410	19440	13180	35180	11960	4160	7900	2490		14770	6940		9500	5730	1100	5690
		*1780															

[1]) Abfall: 15%

[2]) Abfall: 22% (13–40)

[3]) Abfall: 18% (7–42)

Diese Nährwerttabelle stammt aus »Lebensmitteltabellen«, Energie und Nährstoffe, Staatliches Lebensmittelwerk, Schweden 1978

Literaturverzeichnis

Oeconomia eller *Huuszholdbook*, Pehr Brahe 1581, nytryckt 1971 Stockholm, Nordiska Museets Samlingar

Hjelpreda i Hushållningen för unga Fruentimber, Christina Warg, Stockholm 1755

Nya Svenska Economiska Dictionnairen eller *Försök til et Allmänt och Fullständigt Lexicon i Svenska hushållningen och* Naturläran, Johan Fischerström 1779–1792

Konst at torka och inpacka Alla slags grönsaker och rotfrukter, Hwarigenom *Anvisning gifwes til et nytt Närings-medel*, Johan Georg Eisen 1799

Handbok i förvaringskonsten, Johan Carl Leuchs, Stockholm 1835

Handbok wid den nu brukliga finare matlagningen, Margaretha Nylander (Pseudonym för Margaretha Emerentia Nordström) Stockholm 1845

Guldgruva för Husfädrar och Husmödrar, Rellard de Camousin, Stockholm 1846

Anwisning til Enkel och huslig Matredning, Karoline Veltzin Stockholm 1851

Förvaringsboken eller *Konsten att under loppet av flera år förwara kött och Grönsaker m m, Anna Bergström, Stockholm* 1855 (*Pseudonym för Isak George Stenman*)

Svenska matväxters insamling och förvaring, Johan Lagergren, Stockholm 1880

Anna Maria Zetterstrands *Kok- och* Hushålls-Bok *grundad på* 80-*årig öfning och erfarenhet i kokkonsten och hushållningen*, Sophia Maria Zetterstrand, Norrköping 1883

Anteckningar om Trädgårdsodling, Gustav Norbäck, Norrtelje 1901

Fruktanvänding, Vägledning i Bär, *Frukt och Grönsakers förvaring och använding*, E. A. Granberg, Strömsbro 1904

Frukt-och Grönsaksförädlingen i Industrien och hushållet, Carl Åke Du Rees, Gefle 1906
Konserveringsbok, Gustaf Lind och John Green, Stockholm 1911
Försök med fruktorkning, Gustaf Lind Stockholm 1909
Försök med torkning av skogsbär, Gustaf Lind, Stockholm 1912
Torkade köksväxter, Gustaf Lind, Stockholm 1914
Råd och anvisningar angående tillvaratagande av frukt, Gustaf Lind, Linköping 1917
Våra medicinalväxter, Gustaf Lind och Nils de Verdier, Stockholm 1917
Våra trädgårdar i Krigs- och kristid, Ellen Nordenstreng, Stockholm 1917
Ätliga vilda växter, En dyrtidsbok av Erik Lundström, Stockholm 1918
Torkhus, Om torkhus i Syd- och Väst-Sverige, Albert A:son Sandklef, Göteborg 1933
Cajsa Warg och hennes Kokbok, Christina Warg, Cajsa Wargs kokbok utgiven i urval med en kulturhistorisk inledning av Margit Palmaer Stockholm 1946
Untersuchungen zur Aufklärung des Trocknungsverhaltens pflanzlicher Stoffe, VDI-Forschungsheft 458, P. Görling, Düsseldorf 1956
Untersuchungen über den Einfluß der Betriebsfaktoren eines kleindimensionierten Zerstäubungstrockners auf das Trockengut, Promotionsarbeit vorgelegt von Werner Beuttner, Zürich 1959
Ullmans Encyklopädie der Technischen Chemie, Wilhelm Fœrst, München/Berlin 1960
Die wissenschaftlichen Grundlagen der Trocknungstechnik, O Krischner, Berlin/Göttingen/Heidelberg 1963
Konserventechnisches Handbuch der Obst- und Gemüseverwertungsindustrie, Nehring/Krause, Braunschweig 1969
Mormors sylt och Farmors saft, Örjan Armfelt Hansell, Stockholm 1970
Föda och nödföda, Hur människan avände vildmarkens tillgångar, Kerstin Eidlitz, Stockholm 1971
Industriell frystorkning av livsmedel, Kaj Voss-Lagerlund, Livsmedelsteknik 1972

Food dehydration, Arsdal m fl. Avi Pub. Corp. Westport 1973
Dry it – You'll like it!, Gen MacManiman, Washington 1974
Putting Food By, Hertzberg/Vaughan/Greene, Vermont 1975
Lebensmittelchemie, Werner Heimann, Darmstadt 1976
Food Drying at Home, Bee Bayer, Los Angeles 1976
A *Cookbook for Building A Solar Food Dryer*, Arnie and Maria Valdez 1977
Grass-Roots Solar Technology Transfer, New Mexico Solar Energie Association, Santa Fé 1978
Livsmedelstabeller, Energie och vissa näringsämnen Statens Livsmedelsverk, Stockholm 1978
Home Drying Vegetables, Fruits and Herbs, Phyllis Hobson
Vilda torkade växter, Sommarglädje året om Anna Lisa Stråge, Stockholm 1979
Garden way's guide to Food Drying, Phyllis Hobson, Garden Way, Vermont 1980

Register

Abendtees 97
Äpfel 73, 76
Aluminiumblech, geschwärztes 37
Ananas 75
Apfeleis 129
Apfelringe 77
Arbeitsgeräte fürs Trocknen 39ff.
Artischocken 49
Auberginen (Melanzani) 49
Aufstriche 134f.
Aufweichen (Rehydrierung) 114f.

Bäckereien 130f.
Bananen 78
Bananenmilch 141
Bananen-Sesam-Stücke 145
Beeren 16, 72ff., 107
Birnen 73, 79f.
Blanchieren 46f.
– Zubehör 46f.
Blattgemüse 48
Blaubeeren (Heidelbeeren) 81
Blumen, wilde 149ff.
Blumenkohl (Karfiol) 49
Blumenkohlreste, Suppe aus 126
Bohnen (Fisolen) 50, 51
Bohnen, grüne 52, 119
Bohnen, weiße, in Tomatensauce 119
»Bonbons« 142
Bouillonpulver 146f.
Brokkoli 50
Brotbeläge 134f.
Buttersalat 119

Chicoréesalat 51
Chinakohl 51
Chips, gewürzte 146
Crêpe-Teig, Obst in 129

Desserts 127f.
Dessertsaucen 134
Diätkost 21
Dill 51f.

Eberesche (Vogelbeere) 80
Ebereschen, Mus aus 138
Ebereschensaft 140
Eingemachtes 139
Eintöpfe 124ff.
Einweichen (Rehydrierung) 114f.
Eisenblech, geschwärztes 38
Energie und Nährstoffwert 152
Erbsen 51f.
Erbsen, grüne, Püree aus 121
Erbsensuppe 121
Erdbeeren 80

Fisolen (Grüne Bohnen) 52
Fragen und Antworten 19f.
Frikadellen (Vegetarische Laibchen) 122f.

Gemüse 45f.
– Grundrezept 118
– Langzeit-Lagerung 107ff.
Gerichte, warme 118ff.
»Gesellschaftstees«, Vorschläge 97
Gewürzkräuter 48, 52, 101ff., 146
Gewürzmischung Nr. 1 147
Gewürzmischung Nr. 2 147
Gewürz von Stielen 147
Gurken 53
Gurkensauce 134

Hagebutten 80f.
Hagebuttenmarmelade 137
Heidelbeeren (Blaubeeren) 74, 81
Heidelbeermarmelade 139
Heidelbeersaft 140
Heilpflanzen, Trocknen von 16
Himbeeren 82
Hirsesuppe 124f.
Holunder 82

Johannisbeeren (Ribisel) 83
Juices 140

Karfiol (Blumenkohl) 49
Karfiolreste, Suppe aus 126
Karotten (Möhren) 55
Kartoffeln 53
Kartoffelbrei, gewürzt 120
Kernobst (Äpfel, Birnen) 73
Kirschen 83
Knollengemüse 48
Kochen von getrockneten Produkten 116f.
Kohl 54
Kohlrabi 54
Kohlsprossen (Rosenkohl) 57
Konservierungsmethoden, alte 9
Kosten des Trocknens 20
Kraut (Rotkraut) 59
Kräuterbutter Nr. 1 135
Kräuterbutter Nr. 2 135
Kräuterbutter Nr. 3 136
Kräuter
– fürs Bad 98
– für die Haare 98
– für die Haut 99
Kräuterreis (Vollreis) 121
Kräuter, wilde 91 ff.
– Ernte 93
– Lagerung 105f.
Kraut (Weißkohl) mit Apfel 120
»Kuchen« 144
Kuchen, gedeckter 128
Küchenkräuter 101 ff.
Kürbis 54
Kürbiskern-Sesam-Stücke 145
Kürbissalat 120
Kurzzeit-Lagerung 110

Lagerung, nach dem Trocknen 105ff.
Langzeit-Lagerung 107ff.
Lauch (Porree) 55
Lauchsauce 133
Linsen 51
Lufttrocknung 24

Mahlzeiten, kleine 118ff.
Marmeladen 139
Mehlbeeren 84
Melanzani (Auberginen) 49
Melonen 84
Möhren (Karotten) 55
Mürbteig 1 128
Mürbteig 2 128
Mus aus Ebereschen 138
Mus aus Steckrüben (Wruken) 120

Nährstoffe 21
Nährstoffwert 152
Naschereienherstellung 144
Naschereien 141f.
– aus Fruchtstückchen 144
– Grundrezept 143
Nußpaste 136

Obst 108ff.
Obsthäufchen 130
Obst im Crêpeteig 129
Obstkuchen 130f.
Obst, Lagerung 108
Obstmus 138

Paprika 56
Paprikapulver 148
Pastete fürs Butterbrot 136

Pastinak 56
Petersilie 57

Quitten 86
Quark mit Kräutern 137
Quarkdessert (Topfendessert) 127

Pferdebohnen (Saubohnen) 59
Pfirsiche 85
Pflanzen, wilde 48, 63, 91 ff.
Pies (gedeckte Kuchen) 128
Pilze 65 ff.
– Aufbewahrung 67
– Blanchieren 66
– Einweichen 65
– Grundrezept 118
– Lufttrocknung 65
– Schneiden 66
– Wärmetrocknen 65
Pilzpastete (mild) 137
Porree (Lauch) 55
Preiselbeeren 85
Preiselbeeren, eingemachte 139
Preiselbeersaft 140
Pulverisieren 40
Püree aus grünen Erbsen 121

Radieschen 57
Ratschläge aus älteren Büchern 13
Ratschläge fürs Trocknen 39 f.
Rettich 57
Rehydrierung 114 f.
Rezept-Ideen 114
Rhabarber 85
Ribisel (Johannisbeeren) 83
Rosenkohl (Kohlsprossen) 57
Rote Bete 58
Rote Rüben 58
Rotkohl 59
Rotkraut 59

Säfte 140
Salat 60
Saubohnen (Pferdebohnen) 59
Saucen 132 f.
Säuerung 12
Schädlinge 111 ff.
Schnittlauch 61
Schwarzwurzeln 61
Schwierigkeit beim Trocknen 20
Selbstbau von Trockengestellen 32
Sellerie 61
Sesam-Bananen-Stücke 145
Sesam-Kürbiskern-Stücke 145
Solartrockner 36 f.
Sonnentrocknung 25
– Zubehör 25 f.
Spinat 62
Spinatgericht, einfaches 118
Stachelbeeren 86
Steckrüben (Wruken) 62
Steinobst (Zwetschgen) 74
Suppen 124 ff.
– Grundrezept 124 f.
Suppenreste, Verwertung von 125 ff.
Suppenwürze 146

Tomaten 62
Tomatenchips 146
Tomaten-Paprika-Gemisch 133
Tomatenpulver 148
Topfendessert (Quarkdessert) 127
Topfen mit Kräutern 137
Trauben 87
Trockendauer 41 ff.
– Beeren 41
– Blattgemüse 41
– Kartoffeln 41
– Obst 41
– Pflanzen 41
– Wurzeln 41
Trockengeräte 24
Trockengestelle u. Trockenkästen, Selbstbau 32

Trockenhäuser 15f.
Trockenmethode 24
Trockenrahmen 29f.
Trockenroste 29f.
Trockensiebe 29f.
Trockentechnik 32ff.
Trocknung 12, 17f., 18, 22
Trocknungszeit, Verkürzung 43, 47
Trocknen auf Stäben und Schnüren 29
Trocknen in dünnen Lagen 29
Trocknen in Sträußen 25
Trocknen mit künstlicher Wärme 24
Trocknen, Ort für das 27f.
Trocknen von Beeren 16, 72ff.
– von Früchten 72ff.
– von Heilpflanzen 16
– von Pilzen 65
Trocknen wilder Blumen 149

Vegetarische Laibchen (Frikadellen) 122f.
Vielkräuteröl 100
Vogelbeeren 80
Vogelbeeren, Mus aus 138
Vogelbeersaft 140
Volumen, Verminderung 44

Wacholderbeeren 87
Weintrauben 74
Weißkohl (Kraut) mit Apfel 120
Winterstauden 151
Wruken (Steckrüben) 62
Wruken (Steckrüben), Mus aus 120
Wurzelgemüse 48

Zeitaufwand beim Trocknen 19
Zubehör 24f.
Zucchini 63
Zuckererbsen 63
Zwetschgen 74, 87f.
Zwetschgenmarmelade 139
Zwiebeln, rote 59, 63
Zwiebelgrünes 65
Zwiebel-Pilz-Sauce 132